地獄不空誓不成佛

地藏菩薩小百科

目 錄

地藏菩薩立像 明代風格(15世紀)
重彩設色絹本立軸
102公分×47公分
(台北許志平先生收藏)

看圖說地藏

「地獄不空，誓不成佛。眾生度盡，方證菩提」，這個悲願讓地藏菩薩產生了超越時空的大願力，也讓他與眾生的善惡悲歡接上了線。千年來，地藏菩薩是許多人的精神支柱及祈求的對象。

地藏，在古往今來

地藏菩薩像的千年演變

我們最常見的地藏菩薩是出家人形象(所謂內秘菩薩行、外現聲聞形的)，總是左手持如意寶珠、右手執錫杖，或坐或立於蓮花上。

儘管地藏菩薩與觀音菩薩、文殊菩薩、普賢菩薩並稱為中國佛教的四大菩薩，但就目前可收集到的圖像顯示，地藏像作品數量及表現形式的發展規模都不及觀音像。地藏雖然尊為菩薩，卻是眾菩薩中形象最特殊的，他極少以一般菩薩會有的寶冠、天衣現形，而是以普通僧人形象出現，玄奘譯《十輪經》序提到：「是以菩薩示聲聞之形 ……」，這點出了地藏菩薩的形象是以沙門形為主。至於後來陸續出現的地藏披帽僧人像、在台灣最常見到的頭戴五方冠像，甚至已經變成地藏標誌物的錫杖，以及隨侍在側的閔公、道明和尚、獅子諦聽及善惡童子等，並不見佛經記載，是在流傳過程中逐漸衍生出來的。

地藏菩薩像除了單尊呈現外，也順應民間與宗教觀念的發展，與六道和十王圖像結合。地藏菩薩開始與六道圖像結合約在中唐時期，這充分表現了地藏菩薩解救六道眾生的思想。而在這個基礎上，晚唐時期又加入了地獄十王的觀念，漸漸發展出地藏、六道與十王的組合，這三者所形成的構圖模式在五代達到鼎盛，並演變為一種固定的樣式。

現存最早有紀年的地藏菩薩像
唐咸亨元年(670)崔善德造像碑
早期的地藏像多數雙手各持一個摩尼寶珠，這是與普通僧人最主要的區別特徵。此碑一面造彌勒像，一面為地藏像，地藏作沙門形，善跏坐，雙手各持一寶珠。每一寶珠各化現三組人物表示六道。(敦煌研究院考古所研究員王惠民提供／《典藏雜誌》二○○五年四月號)

地藏菩薩立像幡
敦煌莫高窟17窟 唐(9世紀)
絹本著色 63.7公分X17公分
大英博物館收藏

這是敦煌地區諸多地藏菩薩立像
中最特別的一尊，一樣是沙門
形，一樣有圓形頭光，神態和
祥、形體豐腴，持物則有變化，
右手持物如意寶珠換成了寶瓶，
這在地藏菩薩像中幾乎是唯一僅
見的。至於地藏的頭部還敷設藍
色，凸顯出剃髮光頭的視覺效
果，這種敷色有時會以綠色呈
現。

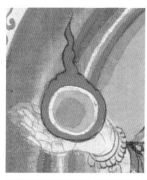

地藏菩薩的持物與脅侍

如意寶珠

以敦煌地區的地藏菩薩為例，其造像約始於初唐，主要以單尊、手持如意寶珠的沙門形象為主。這個如意寶珠，有時是雙手各持一個，有時是一手寶珠、一手結印，寶珠則有幾種形式，圓形珠狀物、火焰型寶珠、圓形透明物等。如意寶珠這項持物一直延續到五代、宋、明至今，是最典型的地藏菩薩持物。寶珠象徵滿人所願，也象徵十方一切諸佛菩薩都會在這寶珠顯現出來。

錫杖

另一個典型的持物就是錫杖，但這項物件在盛唐至中唐期間的造像中偶有出現，並不多見，要到五代之後才頻繁出現在造像中，到今天則幾乎杖不離手。地藏菩薩的錫杖，象徵能震開地獄之門，拯救地獄眾生，令他們投生，或者做人，或者生天，或者成阿羅漢。

脅侍之閔公與道明和尚

地藏菩薩的脅侍最常出現的就是閔公、道明和尚、諦聽以及善惡童子，這種組合大約於十世紀時成為固定的組合。閔公與道明和尚是一對父子，閔公因護持金地藏有功，而道明和尚傳法有德，後人於是將他們塑成一僧一俗，作為地藏菩薩的脅侍。

脅侍之諦聽

諦聽是坐騎，亦稱地聽或善聽，是一頭像獅子的靈獸，能馴服百獸，扮演地藏菩薩的護法。相傳，諦聽的耳朵一隻豎起、一隻垂下，表示上聽十方諸佛菩薩的法音，下聞人間與惡道眾生求告的聲音，具有「坐地聽八百，臥耳聽三千」的神通力。

銅漆金地藏菩薩眾相
明萬曆年間(17世紀)

錫杖 ●

道明和尚 ●

閔公 ●

諦聽 ●

戴巾帽之地藏菩薩自在坐像
明代風格(16世紀) 重彩設色絹本立軸
98公分x167公分
戴巾帽自然垂肩下擺，右手拇指與中指托著透明寶珠，左手放在左膝上。右腳彎曲，左腳下擺於蓮花座上。方圓之臉龐帶鬚，紅唇，胸前掛著珠串。巾帽外衣用咖啡色及深綠色的鑲邊，衣的表面細畫著各種花邊和團花。工字型的須彌座搭配著衣著的顏色，檯座正中央幾朵蓮花有盛開、有半開及含苞的，十分熱鬧。（台北許志平先生收藏）

地藏菩薩與六道結合

地藏菩薩像搭配六道圖像的畫法大約見於中唐時期，這種結合充分表現了地藏菩薩解救六道眾生的思想。這類作品並不多，在敦煌的作品中只有兩件，主要是到了晚唐再加上地獄十王，三者結合的地藏菩薩像才屬主流。敦煌的兩件地藏六道圖，一件收在倫敦大英博物館，另一件藏在巴黎的居美博物館。

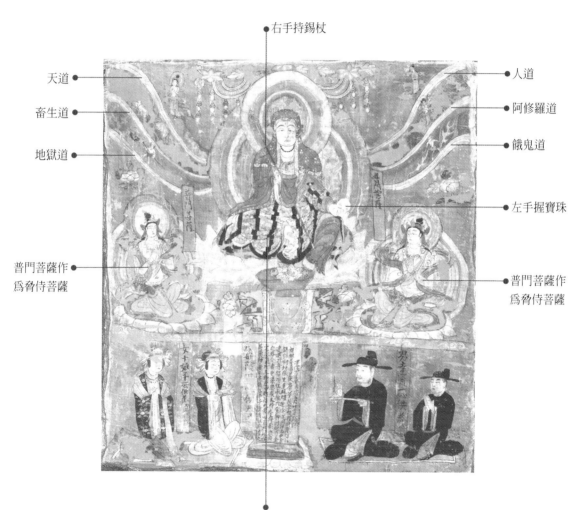

右手持錫杖

天道

人道

畜生道

阿修羅道

地獄道

餓鬼道

左手握寶珠

普門菩薩作
為脅侍菩薩

普門菩薩作
為脅侍菩薩

地藏菩薩頭戴披帽坐在蓮花座上

配有六道表現的披帽地藏像
敦煌莫高窟　17窟　北宋建隆4年(963)
絹本著色　56.1公分X51.5公分　大英博物館收藏

地藏，在人間地獄
〈地藏十王圖〉：給人生的善惡成績單打分數

按照流傳民間的地獄思想，眾生死亡後在地獄要經過十位冥王一一審判，檢驗生前的善業與惡業，歷經層層苦難。唐末五代出現的地藏十王圖，呈現地藏與十王同處地獄、十王冥界的描繪，可以見證中國地獄觀念於此定型。而可以拯救眾生於地獄十王廳之審判及脫離六道輪迴之苦的便是地藏菩薩了，甚至通過至心的信仰：稱念其名、禮拜其像，亡者即可從地獄解脫，生住西方極樂淨土。

披帽地藏十王圖
敦煌莫高窟　17窟　晚唐(9世紀末至10世紀初)　絹本著色　91公分X65.5公分　大英博物館收藏

❶ 地藏菩薩頭披巾帽、右腳踩在蓮花座上，右手握透明寶珠、左手持錫杖，身後有火焰型頭光與身光；這座地藏菩薩的神態較顯雍容祥和，主從之間的布局也比其他十王圖來得有餘裕。

❷ 十王分立於地藏兩側。十王到這個別呈現哪般形貌，在經典中幾乎沒有描述，通常是以毫無特徵的王者模樣來繪畫。十王在這裡每個人還有案桌與隨侍的判官。

❸ 第五殿閻羅王在《十王經》中被譽為天子，所以通常頭戴冠冕。

❹ 第十殿五道輪轉王的名稱源於五道將軍王，因此身著將軍甲冑。此圖中，五道輪轉王手指著桌上文案，案前的判官彷彿恭敬地躬身向他報告。

❺ 這位冥王眼神堅定銳利，右手食指上舉，好像有所決議，要下達判決的樣子。這樣比較生動的表現在十王圖中並不多見，但也要仔細觀察才能洞悉一二。

❻ ❼ 蓮花座前是道明和尚與獅子諦聽。

❽ 業鏡前的審判。這幅十王圖特別要注意的是在道明和尚與諦聽之前的景象：牛頭獄卒牽著一個套頭枷、僅穿內褲的裸身往生者，他正站在一面鏡子前，鏡中反映的是一個男子舉斧做勢要砍殺牛畜，這應該就是所謂的業鏡，能重現生前的惡行，鏡前那位判官手持紙筆，彷彿解說著往生者罪狀。

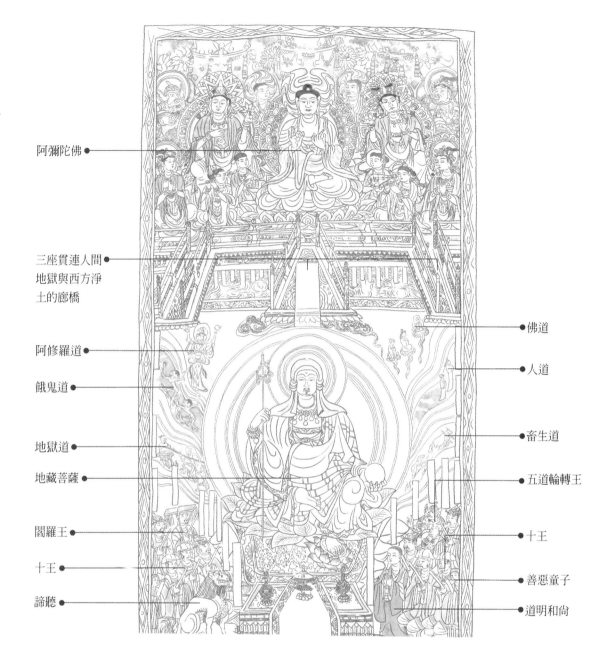

阿彌陀佛

三座貫連人間
地獄與西方淨
土的廊橋

阿修羅道

餓鬼道

地獄道

地藏菩薩

閻羅王

十王

諦聽

佛道

人道

畜生道

五道輪轉王

十王

善惡童子

道明和尚

披帽地藏十王與淨土圖(臨摹圖)
原件作品年代為五代(907-960) 麻質設色 128公分x 69公分 羅浮宮東方部門收藏／王佩娟原圖臨摹
這種結合地藏十王圖與淨土圖的圖式非常少見，卻是一個人生終極世界的完整呈現。整件作品分為兩部分，上半部當然是淨土圖，下半部的地藏十王圖則是構成本幅最重要的圖像。
本圖中的地藏菩薩飾纓絡、著華服，端坐蓮花座上，他在圖中所占比例很明顯大很多，甚至比淨土圖的阿彌陀佛還大。地藏菩薩頭戴巾帽，右手持錫杖、左手捧寶珠，從他身後的身光放射出代表六道的線條，其左邊由上而下分別是佛、人、畜生，其右則是阿修羅、餓鬼、地獄。這尊地藏菩薩眼神堅毅、體型壯碩，給人一種可以託付與信賴的感覺。
在地藏菩薩兩側站立著持笏的十王，十王前方則是道明和尚與獅子諦聽，在圖的左右兩下角安排的便是專門記錄世人諸種業行的善惡童子了。
這件作品上半部的淨土圖是以阿彌陀佛為主尊，兩旁是諸聖眾與伎樂，呈現祥和的西方極樂世界氣氛。上下兩部分之間正好有三座橋型走廊貫連，這意味了如果六道眾生想要往生淨土，就須要信仰地藏十王，通過他們的檢驗與救度，可以往生極樂世界。

十王圖之閻羅王

十王圖
南宋(1124-1279) 陸信忠 絹本著色83.2公分 x 47公分 日本奈良國立博物館收藏

地藏十王圖在宋代發展到一個高峰，有的繪畫工作坊成批製作這樣的圖像，甚至遠銷日本，極受信眾歡迎。這時的圖本細節更加豐富周詳，逐個表現十王過堂的情形，亡者或因善行往生淨土，或因作惡遭受苦刑。這時，慈信悲憫的地藏菩薩出現在披枷戴鎖的罪人面前，手持能以燦爛光輝照亮黑暗地獄的摩尼寶珠，履行教化救度的誓願，為他們指點解脫的道路。

十王圖之泰山王

陸信忠為活躍於南宋的道釋畫家，日本人稱之為寧波派的職業畫工，多用濃麗的胡彩，施以金碧朱綠褐紫等色彩，對比強烈，沿線多施上暈染，花紋以唐草、藻文、格子紋等圖案為多，極為細密。

他的作品結構甚為繁縟，富刺激性與裝飾性，人物合乎適度的寫實性，又保有通俗性，可以收到宗教畫優秀的效果。陸信忠的名作，尚有十六羅漢圖、佛涅槃圖等，畫風同樣是精細艷麗，帶著濃厚的富貴氣息，宋元之際，他的作品流傳很廣。

地藏，在四面八方
珍藏在世界各地的地藏菩薩像

隨著敦煌文物散失各地，在世界知名博物館都有關於地藏圖像的收藏，其中尤以英國大英博物館及法國居美博物館爲最多；至於韓國與日本，則因地藏思想流傳也有各自發展出的地藏造像。

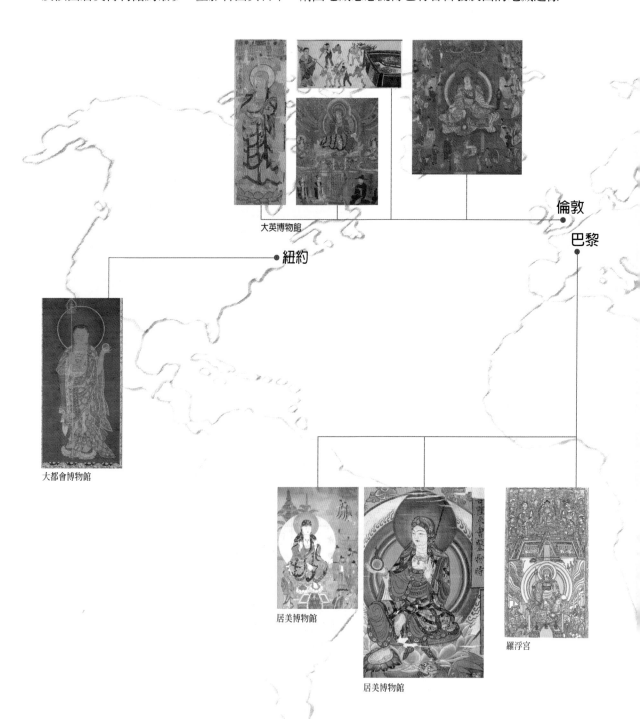

倫敦

巴黎

大英博物館

紐約

大都會博物館

居美博物館

居美博物館

羅浮宮

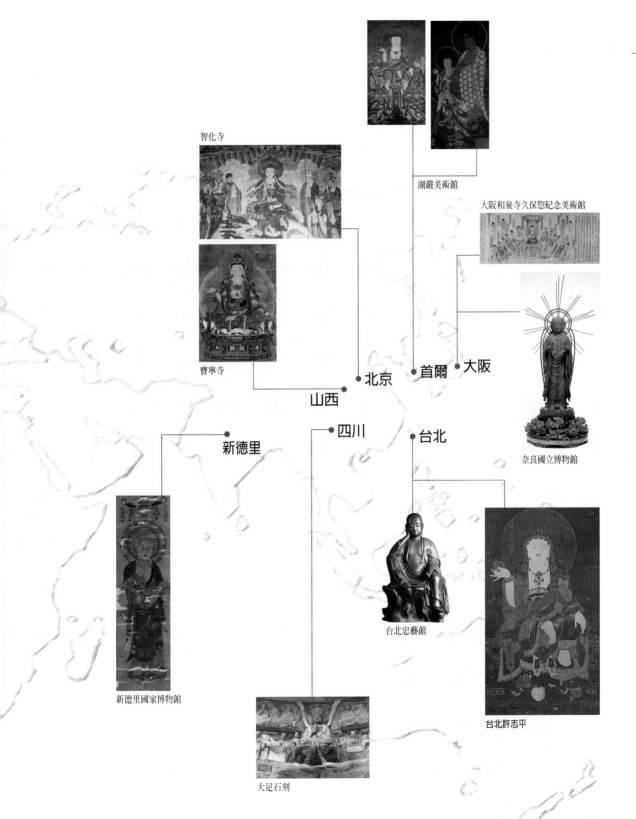

智化寺

湖巖美術館

大阪和泉寺久保惣紀念美術館

寶寧寺

北京

首爾　大阪

山西

奈良國立博物館

新德里

四川

台北

台北忠藝館

新德里國家博物館

大足石刻

台北許志平

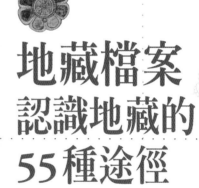

地藏檔案
認識地藏的
55種途徑

地藏菩薩是何方神聖？

地藏菩薩是掌管地獄的度鬼專家？其實他不管地獄，他是發大願要救度地獄眾生的菩薩。

長久以來，地藏菩薩的悲願是要度盡眾生，本無人鬼之分。人們總是一廂情願地將他排拒在陽間之外，卻不知道地藏菩薩就在你身邊。

地藏信仰因揉合了許多民間信仰的特質，使得多數人視地藏菩薩為管地獄的度鬼專家，對他又敬又畏，不敢在家中供奉地藏菩薩，甚至不在夜間誦持《地藏經》，以為這樣會招來惡鬼，以為《地藏經》只有「死人」才派得上用場。孰知，這個千年誤會鬧得也太久了！

▊救度活人，才是根本

「我今盡未來際不可計劫，為是罪苦六道眾生，廣設方便，盡令解脫。」仔細思量地藏菩薩的悲願，便可清楚得知，六道眾生都是他解脫的對象，「活人」當然也包括在內。

印順導師說過：「眾生中最苦惱者是地獄眾生，所以地藏菩薩的悲願力，眾所熟知，是為了救脫地獄的眾生。……但這不是唯一的辦法，也不是最理想的。最要緊、最徹底的，還是如何令眾生不墮地獄，才是救度地獄眾生的好辦法。比如好的醫生，非但能為病者治療或動手術，還教人如何調攝健康，預防疾病。如只知地藏菩薩救度地獄眾生，而不知菩薩還苦心教導眾生，何者應止，何者應作，才能不墮地獄，若等到墮入地獄受苦，已是遲了。」

▊天人菩薩都指望他的加持

其實，地藏菩薩不僅包辦臨終大事、活人利益，連天人菩薩都在他的管轄範圍。釋尊在《地藏菩薩本願經》中曾告訴觀音菩薩：「天界的天人們若在五衰相現前時，能見到地藏菩薩形像或聽聞地藏菩薩聖號，這些天人的天福天壽將再增長無量，且永不墮入三惡道。」《地藏十輪經》亦記載：「地藏菩薩是一切菩薩的清淨眼目，能帶領一切菩薩修行。」

連天人、菩薩都得仰仗地藏菩薩的加持，世人若還執意以為地藏菩薩僅是管地獄的度鬼專家，是否太小看他了？

地藏菩薩立像 明代風格(15世紀) 重彩設色絹本立軸
102公分×47公分

略小及圓長的臉，顯現出此地藏偏女像，雖然依舊嘴邊帶鬚，也依舊感到慈懷滿心。細小綿綿的雙手托起比他高長的法杖，協調穩重的色系在衣服上，輕重裡外地排序著。整幅地藏的身形比例比其他地藏圖像更為細長，這種偏女性化的地藏極為少見。(台北許志平先生收藏)

地藏和地獄到底有沒有關係？

誰能當菩薩？

菩薩(bodhisattva)是「菩提薩埵」的簡稱，菩提(bodhi)是指覺悟，薩埵(sattva)是指有情(或眾生)。所以菩薩的意思就是「覺有情」，或「追求覺悟的有情」，也就是發心追求覺悟，成就佛道之人。菩薩不但自己追求開悟，還要把眾生也引領到開悟的境界，這便是菩薩的慈悲。

因此，不僅文殊、普賢、觀音、地藏可稱為菩薩，一切發心學佛的人都可以當菩薩，不過是學佛程度淺深，功用有別罷了。星雲法師曾說：「菩薩不是在出家、不出家的上面分別，菩薩是以發心修道來測量品位的高低。」

梵名為「Ksitigarbha」的地藏菩薩，起源自印度吠陀神話中的地天信仰，因具有養育生長的特質，最初還以大地之母的形象出現在世人眼前。

地藏和地獄在最初始的時候其實是沒有關係的，所謂的「地」是指大地。

與釋迦牟尼佛一樣，地藏菩薩也來自印度，但他的身世背景卻一直撲朔迷離。唯一與他有所關的遠古資料，大概只有印度的吠陀神話了。

▍地神的化身

西元前一千多年的吠陀神話時代，將宇宙分為天界、空界及地界。天界有天神、空界有空神、地界有地神。地藏菩薩被認為來自地神「比里底毗」(Prthivi)的化身。因大地具有孕育萬物的特質，而生育一事又少不了女人，所以「比里底毗」最初是以大地之母的形象出現在世人眼前。

不知何時起，這位農耕社會的大地之母被轉化為男性，以「Ksitigarbha」的尊格出現在少數的印度原始資料中，並在原始佛教興起後被歸在佛陀門下，隨後又在大乘佛教時期加入了「菩薩」的行列。

▍大地的子宮

Bodhi sattva		Ksiti garbha	
覺悟	眾生或有情	土地、住處	母胎、孕育
原意：具有覺悟本質的眾生		原意：大地的子宮、大地蘊藏	
音譯：菩提薩埵		意譯：地藏	
簡稱：菩薩			

「Ksitigarbha」到了中國後，雖未如觀音菩薩化身為女性神祇，倒是有了個新名字，人們根據他的梵名音譯為「乞叉底蘗沙」，並根據原名的意涵，為他取名為「地藏」。（Ksitigarbha亦有人寫做Kshitigarbha）

無論身為女性或男性，地藏菩薩在佛經裡仍被賦予「生育」的職責。他可以為眾生繁榮土地，也可以為眾生扼止自然的災害。《地藏十輪經》裡便記載了地藏菩薩：「能令大地一切草木、根鬚、芽莖、枝葉、花果，皆悉生長。」

▌地藏的IQ與EQ

另外，菩薩名號亦代表著他們特有的心行。釋迦牟尼在《地藏十輪經》中曾稱讚地藏菩薩：「安忍不動，猶如大地，靜慮深密，猶如秘藏。」短短四句話將地藏菩薩的EQ與IQ描繪的淋漓盡致。

印順導師在《佛法是救世之光》一書中指出，地是四大之一，能生長、擔當一切，以此來比喻菩薩的功德；藏是伏藏之意，是指如同大地，含藏無數善根種子，也隱喻能引生種種功德。整體而言，是比喻世間功德，都是依地藏菩薩而存在、引起，他並能為眾生荷擔一切的難行苦行。

▌心地含藏的佛性

除了菩薩的心行外，「地藏」又代表每個人「心地」中「含藏」的善根種子。什麼是善根種子呢？就是「佛性」。一個人將覺醒、慈悲、智慧發揮到最完美的境界就是「佛」了。每個人都是未成熟的佛，都有潛力成「佛」，這股潛力便是「佛性」。要如何讓潛力發揮出來呢？答案就在地藏菩薩心中，也在你我心中。因為當人們在學習地藏菩薩的當下，正是讓心中的佛性成長茁壯的時刻。

然而反面思考一下，地藏菩薩是否也需要你我呢？不錯，擁有智慧與慈悲的地藏菩薩需要透過人們在日常生活的實踐，才能將「看不到、摸不著」的菩薩心行變成一種活生生的現實。所以，地藏菩薩就是你我，你我就是地藏菩薩，一旦分割開來，地藏不成為菩薩，你我也成不了佛了。

木雕漆作地藏菩薩
明代風格(16世紀) 高90公分 應為中國浙江省風格
多層乾漆底，下有石灰一層，漆作工藝講究，表層依稀可見少許金漆，閉目，眼瞼低視下方，鼻挺，隅角形式有力，無髮飾，披裂裟，左肩上有帶勾飾，雙手已殘，應是地藏的中原華中地區造像。背開方形大洞，應為裝藏儀式之用。雙盤跏趺坐，禪定閉目，乃俊美之地藏菩薩像。(台北許志平先生收藏)

地藏不就是閻羅王嗎？

這是個誤會喔！閻羅王的印度名字是Yama，乃是印度吠陀神話中的死神，也是佛教中的地獄統治者，與梵名稱爲Ksitigarbha的地藏菩薩並非同一位。

閻羅王雖然出身印度，卻在中國人手中從死神晉升到陰曹地府的統治者，掌管人間生死大事。閻羅王地下有知，也將發出會心的一笑。

▌吠陀神話中的第一個「死人」

閻羅王一開始並未封王，在印度最古老的吠陀神話《梨俱吠陀》中，他的名字叫做閻羅(Yama，中文譯爲閻羅王、焰摩王、閻羅天子或閻摩等)，是人類的祖先，也是第一個死人。他死後成爲死神，爲死人開拓道路，讓他們可以追隨他的腳步，到達他居住的「死人世界」。當時的吠陀神話並無地獄或陰界的觀念，所以「死人世界」是在天界，死神閻羅並擁有一個優美的花園宮殿。

到了佛教經典中，閻羅王從死神變成了地獄統治者，居住的地方也從天界搬到了地獄，身分及職責有了一百八十度的轉變。從漢末六朝傳入的《大樓炭經》、《長阿含經》等佛經中，我們可以發現閻摩雖貴爲地獄的統治者，但因爲地獄屬於六道中最惡劣的一道，身分地位連畜生都不如，所以他每天有一半的時間得忍受銅汁灌口之苦。因爲地獄實在太苦了，閻摩經常發願，希望下輩子可轉世爲人，而且要出身在富貴名門中，然後出家學道，剃除鬚髮作沙門。

▌在中國人手中又變身統治死人的「王」

另有一種說法，說閻摩是「雙王」的意思，閻摩的梵名叫Yama，還有一個雙胞胎妹妹叫Yami，兩人共同主持地獄各項事宜；又有一說，認爲閻摩有兩個分身，一個在須夜彌天當天王，一個是地獄的統治者；甚至有人以爲，閻摩爲印度毗沙國王，因戰敗，憤而發誓爲地獄之王。無論傳說有多少，閻摩到了中國人手上又再度變身了。

唐代以後，閻摩不再每天喝滾燙的銅汁，相反的，他的地位遠在人類之上，不僅擁有管鬼的泰山神作爲部屬，同時司掌人類生死簿記。在唐代沙門藏川撰寫的《佛說地藏菩薩發心因緣十王經》(以下簡稱《地藏十王經》)中，閻摩搖身一變成了陰曹地府的主管，並冠上「閻羅王」的頭銜，不僅管

死人的刑罰，還負責活人的壽命，同時是地藏菩薩的化身，人們若向他祈祭甚至可以延壽除病。《地藏十王經》將佛教的地獄、因果、輪迴等思想與中國傳統的鬼神魂魄的觀念揉合得天衣無縫，深受當時人們的歡迎，更使得地藏菩薩化身閻羅王的說法，流傳千百年而不墜。

地藏與閻羅雖同樣出自吠陀神話，但並非同一人，是到了唐代《地藏十王經》中，閻羅才被冠上王的頭銜，並成為陰曹地府的主管，甚至做為地藏菩薩的化身。(圖為西藏地區閻摩天唐卡，台北陳慶隆先生提供)

「目連救母」說的是地藏的故事嗎？

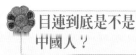

目連到底是不是中國人？

目連雖然是印度人，但不時被認為是中國人，這是因為在中國民間有另一個版本的「目連救母」。相傳在中國郿縣，有一名傅員外，因剋削別人發了大財，娶妻成家後生下兩個兒子。大兒子敗盡家產後暴斃而死，傅員外幡然醒悟，吃齋念佛以懺前罪，豈料亦突然過世。小兒子虔誠學佛後旋即出家。員外的妻子劉氏，在丈夫及兒子們離去後，忿忿不平自己既然一生行善為何到頭來要孤苦無依，一氣之下大開殺戒，死後墮入地獄受苦。法號目連的小兒子，修成正果後以法眼觀看到母親悲苦的命運，於是手持禪杖打破地獄，拯救母親出離苦海，並發下「地獄不空，誓不成佛」的大願。人們後來便稱他為「地藏王」。

《地藏菩薩本願經》與《盂蘭盆經》都被視為佛門的孝經，地藏以孝女著稱，目連以孝子揚名，前者是一名菩薩，後者是一名阿羅漢，兩者其實沒有關係。

目連救母的故事主要源於《佛說盂蘭盆經》、《佛說目連救母經》。經中關於目連救母的故事不過一千七百餘字。到了敦煌文獻變文《目連救母》及《三教搜神大全》中，逐漸豐富了原本簡單的故事，以為目連救母後修道成佛，並在釋迦牟尼的托付下做了地藏菩薩。現代的電影、戲劇、小說等也多據此為主軸加以編寫。這些民間信仰與佛經的故事差距有多大呢？

《地藏本願經》中，地藏菩薩前生為婆羅門女時，布施一切家財及至心念佛後，終於得見地獄苦相，更在母親出離地獄後，發下「眾生度盡，方證菩提」的大願(見檔案7)。這與目連救母其實並不相同。

■ 目連設盂蘭盆供救母

依照《佛說盂蘭盆經》的敘述，相傳王舍城的傅羅卜，法名目犍連(Maudgalyayana)，簡稱目連，是陀佛的十大弟子之一，以神通第一聞名。他在修行證得神通後，以道眼觀世間，發現母親因生前慳貪多惡的業力，轉生在餓鬼道受苦。目連於心不忍，想以神通力化飯送食，誰知飯到了母親口中，竟化為熊熊烈火，燒得母親焦頭爛舌，目連大叫失聲，悲泣地請求佛陀加以救度。在佛陀的教示下，目連於七月十五日設盂蘭盆供，借重其他出家人的福德功助，讓今生的父母，連同七世的父母都能出離餓鬼、畜生及地獄之苦。

到了唐代，目連救母的故事發展到了最高峰。當時，說書的風氣十分盛行，人們眼看圖繪、耳聽故事，心中則欽羨著目連的至孝。然而，目連最終只修得阿羅漢的果位，與地藏菩薩的願力相差甚大。人們之所以將目連與地藏菩薩混為一談，原因不外乎兩者都是捨身救母、虔修佛法的至孝子女。

這種勇闖地獄或餓鬼道的大孝形象，自唐代起即感動著世世代代的人們。或許這份感動太深了，人們忘情地將地藏菩薩的發願和目連尊者的孝行拌和在一起，到後來，甚至將兩個人的形象疊合了。

阿羅漢

阿羅漢(Arahant)是修行者得到證悟的果位。到達這個果位有四個階段，即斷除了見惑的初果(須陀洹果)；進而斷除思惑，按照修行程度淺深不同而有二果(斯陀含果)和三果(阿那含果)；到了四果(阿羅漢果)時，見惑、思惑都已斷盡，證得涅槃，堪受人天供養。這是聲聞乘中的最高地位。

目犍連(佛陀蓮花座旁兩位尊者之一)終其一生協助釋尊弘法，從這張唐卡中，可以發現目犍連的形象與地藏菩薩有幾分相似，都是持錫杖。(台北楊矗正先生提供)

地藏菩薩究竟有多少分身？

世尊，我承佛如來，威神力故，遍百千萬億世界，分是身形，救拔一切。——《地藏菩薩本願經》卷上

一如「千手觀世音」一樣，人們相信慈悲的地藏菩薩，將因無盡的悲願及眾生的需要，在不同時代、不同地區、不同法界，以不同的形象度化眾生。地藏菩薩因此有了另一個名號——千體地藏。

■ 化作千體度盡眾生

根據《地藏十輪經》記載，地藏菩薩由過去之大悲誓願力化現十方世界，示現大梵王身、帝釋身、聲聞身、閻羅王身、獅象虎狼牛馬身，乃至羅剎身、地獄身等無量無數異類之身，以教化眾生，並特別悲憫五濁惡世受苦的眾生，應眾生所求而消災增福，進而教化眾生開啟智慧。

無論化現什麼形象，地藏菩薩總是隨時看顧眾生，隨時想到人們的需要。他度化的眾生多不勝數。至於有多少呢？佛陀為親生母親摩耶夫人說法時，聚集忉利天宮的百萬人天，都是地藏菩薩無量劫以來度化的眾生。不但文殊菩薩說道：「若以我神力，千劫測度，不能得知。」連佛陀自己也說：「我以佛眼觀故，猶不盡數。」

■ 感知終極層面的地藏

地藏菩薩不僅可以化作千體，還可以復合為一個原形。在一生只有命一條的人們眼中，簡直無法想像。若說是特異功能，或許還不足以形容這種神通力！以佛教的宇宙觀而言，地藏菩薩不只存在於佛陀的時代，還可追溯到更早、更久遠的過去。他的生命是無法用歷史層面加以解釋的。

《與生命有約》一書作者一行禪師曾說：「生命有兩個層面，一方面好比是波，我們稱為歷史層面，另一方面好比是水，我們稱為終極層面，即涅槃。……在歷史層面中，……它以生滅、盛衰、有無為特徵。波有始有終，但是水卻沒有這些特徵。在『水的世界』中，無生無滅，非有非無，無始無終。當我們感知到水的時候，我們就觸及到了終極層面的真實。」因此，當人們以終極層面去感知地藏菩薩時，便可以理解到，無論是本尊還是分身，地藏菩薩當下就與我們同在一起了。

■ 度化六道眾生的「六地藏」

在千體的樣貌之中，還有一種因應六道的說法，為了度化六道眾生，地藏

菩薩也隨機應化六種分身，人們尊稱為「六地藏」。因各宗派不同，六地藏的組合也不盡相同。

佛教認為，無論貴為天人或墮入地獄，只要仍在六道中輪迴，就得承受無止盡的痛苦。隨著救度六道的悲願，地藏菩薩在人們心中逐漸地衍生出「六地藏」的形象及信仰。

關於「六地藏」的名稱及形象並不統一，例如日本中古台密派《蓮華三昧經》中的「六地藏」，與日本圖像資料《覺禪鈔》中的記載便不相同，與中國《地藏十王經》中的「六地藏」亦相差甚遠。此外，密教中《八大菩薩曼荼羅經》中亦有對治六道的六菩薩組合，但地藏菩薩僅是其中之一。他們的度化對象與持物及手印也都不同。

地藏經常變現無數化身，濟度眾生，所以又稱為千體地藏。大英博物館所藏敦煌五代版畫《地藏菩薩像》就是利用雕版蘸彩墨，在紙絹上逐次按壓而成千體地藏的意象；在日本街頭則有聚合大大小小各種石雕呈現百體地藏的作法，圖為京都的街頭百體地藏堂。（台北賴奇郁小姐提供）

日本六地藏（何聖芬提供）

各派六地藏的說法

六　　道	八大菩薩曼荼羅經	蓮華三昧經	覺　禪　鈔	地藏十王經
天	堅固意菩薩	日光地藏	大堅固地藏	預天智地藏
阿修羅	寶印手菩薩	持地地藏	大清淨地藏	金剛幢地藏
人	持地菩薩	除蓋障地藏	清淨無垢地藏	放光王地藏
畜生	寶處菩薩	寶印地藏	大光明地藏	金剛悲地藏
餓鬼	寶手菩薩	寶珠地藏	大德淨地藏	金剛寶地藏
地獄	地藏菩薩	檀陀地藏	大定智悲地藏	金剛願地藏

地藏曾是重視外表的長者子？

大長者子的條件

在印度，一個人可以被稱為大長者子通常有十種的福德：一要姓貴，也是就皇親國戚；二要社會地位高，例如宰相這樣的大官；三要大富，也就是要有幾千幾百萬的家財；四要威猛，生得莊嚴威肅的模樣；五要智深，非但生性聰明，還有很深的學識；六要年耆，年事高，他人又都肯佩服他；七要行淨，品行高潔，沒有醞釀舉動；八要禮備，禮貌周全，可以給人家做模範，九要上歎，連皇帝也稱讚他；十要下歸，四海平民都喜歡來歸順他。有這十種福德，方才名義相符。長者是有德的老年人通稱；子是稱他作君子，如孔子、老子一樣。

《楞嚴經》中，阿難尊者因為看到釋迦牟尼佛的三十二相八十種好，而發心求學佛法；《地藏經》裡，地藏菩薩久遠以來的初發心亦是因佛陀的相好而起，幾乎與阿難沒有兩樣。

地藏菩薩從無量無數阿僧祇劫前就在當菩薩了，年代久遠到連歷史學家也無從查起。但在《地藏菩薩本願經》裡倒是提到了他的四個前生，一個是長者子，一個是小國的國王，另外兩個則是以孝順聞名的婆羅門女及光目女。不論身分為何，他們的誓願都是：「地獄不空，誓不成佛，眾生度盡，方證菩提。」

■ 發願度眾獲妙相

在長者子的時代，獅子奮迅具足萬行如來尚未入滅。一天，長者子看到如來悠閒地走在路上，外表散發出來的三十二相、八十種好，是這樣千福莊嚴、圓滿美妙，他看得目不轉睛，心裡油然生起歡喜的敬仰，不禁上前問道：「您是行了什麼樣的大願，能夠修到這種好看的妙相？」

聽到長者子的問話，獅子奮迅具足萬行如來於是回答：「你要證得我這樣莊嚴的身形相貌，就要像我一樣，發願在長長久久的歲月中，去救度解脫罪苦深重的眾生。發了如此大願，作了這麼多解脫眾生的事業，得到如此大能力時，就可以獲得像我這樣的身形相貌了。」

如來的話才剛說完，長者子便立刻發願：「從現在起一直到無窮盡的未來，我將廣設種種的方便，救拔罪苦的眾生，等這些眾生都解脫了，我才要成佛。」

■ 妙相是度眾的工具

或許有人認為，這長者子也太注重外表了吧，竟然為了外表的美麗，發了一個這麼難實現的誓願！然而在佛教經典中，外表的美麗並非泛指一般肉體的姿色容顏，而是指佛陀肉身所具有的特殊妙相：三十二相、八十種好。這是一種身的威儀及口的說法，是一

釋迦牟尼佛像 2-3世紀 印度 震旦文教基金會收藏

種修行圓滿的徵兆。重要的是，每一個人都可以經由修行證得這樣的「相好」。

　　淨空法師曾說：「菩薩在成佛之前，得修十善業，每一種業有十種心，這樣拼起來會有一百種福，一百種福互相輝映，就變成了一千種福了。所以菩薩成佛後，妙相可以千福莊嚴，沒有一種相不好，沒有一種不使人心生歡喜。」所以說，「妙相」何嘗不是一種度化眾生的工具呢！

山西雲岡石窟 坐佛頭像 北魏 (386-534)
佛陀的三十二相、八十種好，是一種身的威儀及口的說法，是一種修行圓滿的徵兆。重要的是，每一個人都可以經由修行證得這樣的「相好」。(王露攝影)

佛陀的「三十二相、八十種好」

三十二相：描述佛陀身體的特徵，大致分為五類：骨架度量、四肢五官、皮膚毛髮、氣味聲音和少數神異的身體記號，包括：一、足下安平立相，二、足下千輻輪相，三、手指纖長相，四、手足柔軟相，五、手足縵網相，六、足跟廣平相，七、足趺高滿相，八、如鹿王相，九、正立手摩膝相，十、馬陰藏相，十一、身廣長等相，十二、身毛右旋相，十三、一毛一孔相，十四、真妙金色相，十五、丈光相，十六、皮膚細軟相，十七、七處隆滿相，十八、肩圓好相，十九、獅子身相，二十、身廣洪直相，二十一、肩膊圓滿相，二十二、

口四十齒相，二十三、齒密齊平相，二十四、四牙白淨相，二十五、聲如梵王相，二十六、常得上味相，二十七、廣長舌相，二十八、獅子頰相，二十九、真青眼相，三十、牛眼睫相，三十一、眉間白毫相，三十二、頂上肉髻相。(詳細說明請見《釋迦牟尼小百科》圖像篇，頁140，橡樹林文化出版社)

八十種好：基本上是三十二相更加細緻化的說明，但多了一個手足與胸臆前有吉祥喜旋萬字號的身體特徵。八十種好在身體姿勢的部分使用了更多的譬喻：如行步回顧如龍象王、獅子王、牛王、鵝王，身相如仙人。另外，八十種好比

三十二相更強調觀者對佛陀妙相的感受，如「容儀令見者皆生愛敬」、「身相眾所樂觀」、「面如秋滿月，相好有情無能觀盡」等，這些仰望過程都被列為佛陀的身體特徵。比較特別的是，佛陀容貌不會衰老亦是八十種好之一。

《法華經》上說：「佛遍一切時，一切處。」諸佛菩薩可以同時化身億萬，穿梭在無數佛國與人間，所以佛陀的年齡也不限於釋迦牟尼此一應身了(歷史上的佛)。(詳細說明請見《大方廣莊嚴經》卷第三)

地藏變賣家產，搶救母親？

婆羅門女變賣家產、布施供佛後，不僅讓母親從地獄升天，並發下生生世世廣度眾生的大誓願。

婆羅門女之母尚在人世時，不僅迷信邪教，更常作踐三寶。她擔心母親將因這些作為墮入地獄受苦，於是變賣所有家產，買了香料、鮮花、衣服、飲食、臥具、湯藥等供品，全數布施供養覺華定自在王如來的塔寺。

她進入塔寺，看到如來的佛像是那麼威儀、莊嚴、美好，不禁深深地瞻仰禮拜。此時的婆羅門女一心只想見到如來，當面詢問母親的去向，然而一想到如來已示滅，她忍不住啜泣了起來。許久之後，空中突然傳來朗朗的聲音說道：「我就是你瞻仰頂禮的覺華定自在王如來，見你對亡母的哀思超過了人之常情，特來告知你母親的去處。」

▋一心念佛神遊地獄

聽到這個聲音，婆羅門女激動地撲倒在地，致使四肢俱斷，藥石罔效。自知不久於人世，婆羅門女央請如來儘快告知母親下落。但答案卻是：「你供養之後立刻回家，專心端坐思惟我的名號，就可以知道你母親的去處了。」

婆羅門女回到住處後，即照著指示不停地念著如來的功德名號，經過一日一夜後忽然看到自己來到一處海邊，海水波濤洶湧的沸騰著，海上許多鐵狗、鐵蛇等怪獸以及多手、多眼、多足、多頭且齜牙咧嘴的夜叉，來回追逐或撕咬著無數浮沉孽海的男男女女。正疑惑時，無毒鬼王來到婆羅門女的面前，並告知此處乃地獄的外圍、大鐵圍山西面的第一重海。無毒鬼王強調，一般人不可能來這裡，會來此處的人不外兩種原因，一是托佛菩薩的威德神力，一是依自己的惡業力。

▋大夢初醒立下弘願

念佛念到入定，心地已是一片光明的婆羅門女，自是經由如來加持來到地獄。得知婆羅門女尋母的孝思，無毒鬼王安慰她：「因為有您這位孝女供佛的功德，您母親已從無間地獄受生到天界三天了。不只是您母親從地獄解脫，所有在無間地獄的罪人也跟著沾光，和您母親一起生天享福去了。」

「我願我盡未來劫，廣設各種方便法門，讓所有罪苦的眾生都能因而解脫。」大夢初醒的婆羅門女，來到覺華定如來的塔像之前，立下了這個生生世世度盡眾生的大願。這份化小愛為大愛的心念正是開啟自性寶藏的鑰匙。

檔案 *8*

地藏是孝心感動佛的光目女？

光目女親眼目睹母親輪迴所受的苦果，於是發下大願，將以未來無限的時間度盡眾生方才成佛。

「我母親生前最愛吃活魚、活鱉，尤其偏愛牠們的卵子，毫無忌憚大吃特吃。她每殺一隻鱉、一條魚，所傷害的性命超過了那魚、鱉的千萬倍。我該怎麼救她呢？」知道母親罪業深重，光目女憂心忡忡地請教路過的阿羅漢。

▋羅漢入定尋人

自從母親去世後，光目女每天施食供養路過的阿羅漢及出家僧侶，希望替母親廣植福田，卻沒有任何人可以告訴她母親的下落。這天，一位阿羅漢在化緣途中來到光目女的住所，得知她的不安，於是入定為她觀察。沒想到卻看到光目女的母親在地獄裡受著極大的痛苦。感動於光目女的孝心，阿羅漢遂指點她：「只要你發心供養清淨蓮華目如來，死者生者均將得到利益。」

在光目女的時代，清淨蓮華目如來已示滅，她只能高價聘請藝匠雕塑彩繪佛像，以最大的恭敬心禮敬如來及稱念如來的名號。一天夜裡，她突然夢見如須彌山高大、金色耀目的佛身，慈眼垂視對她說：「你母親不久將投生你家。新生兒一感到飢寒，就能開口說話，你可從他口中得知今世投生的原由。」

不久，家中的婢女果然生下一個男嬰，不到三天，就對著光目女開口說道：「我的前生就是你的母親。死後就即墮入地獄受苦，幸好你一直持戒修福，我才能脫離地獄，轉世為下賤之人。但我這一生只能活到十三歲而已，死後還得再回去三惡道受苦！你想想辦法救救我吧！」「地獄到底有多苦？」得知母親因殺生及惡口毀罵在地獄受刑時，光目女問道。

「苦不堪言啊，我實在不願再去回想了，真要說的話，十萬年也說不完。」光目女聽後痛哭失聲，悲慟地對著蒼天告白：「我現在清淨蓮華目如來的聖像前發下誓願——若能讓我母親消除所有罪業，永遠脫離三惡道的話，我將在今後百千萬億劫中，救拔在地獄跟三惡道受苦的所有眾生，讓他們脫離地獄、畜生、餓鬼三道，等所有眾生都修道成佛後，我方才成佛。」

光目女理解到，唯有將對母親的愛擴散到每一個人，才是最佳辦法。而光目女的誓願不僅為母親消除罪業惡報，也感動母親發願累劫累世走上修行之道，最後成為現在的解脫菩薩。當時的阿羅漢成為現在的無盡意菩薩。

地藏菩薩不愛江山愛眾生？

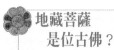

地藏菩薩是位古佛？

因地藏菩薩發願：「地獄未空，誓不成佛；眾生度盡，方證菩提。」使很多人以為，地藏菩薩僅是十地菩薩，成佛之日遙不可及。但在《大方廣如來不思議境界經》中卻記載，當釋尊示現在摩竭提國，菩提樹下成等正覺時：「有十佛剎微塵等他方諸佛，為欲莊嚴毘盧遮那佛道場眾故，示菩薩形，來在會坐。其名曰：觀自在菩薩、文殊師利菩薩、地藏菩薩、虛空藏菩薩、金剛藏菩薩、維摩詰菩薩、善威光菩薩、滅諸蓋菩薩、寶手菩薩、大慧菩薩、普賢菩薩，如是等菩薩摩訶薩而為上首。」從經文上看來，地藏菩薩是古佛再世，與觀音、文殊、維摩詰等古佛同等階位，早已證入妙覺果海，是他方諸佛之一。

《地藏菩薩本願經》中記載，有兩個國王為了救助眾生，一王發願「早日成佛，以度眾生」；一王發願「眾生度盡，方證菩提。」地藏菩薩就是那個不願成佛的國王。

地藏菩薩不先成佛，怎麼度眾生呢？這故事發生在「一切智成就佛」的時代，那是很久很久以前的事了。

■ 發願成佛與不成佛

那時「一切智成就佛」尚未出家修道，還是一個小國家的國王，他與鄰國的國王非常要好。他們都是採用佛法中十善法戒統治國家，以提高民眾的生活水準。但是在他們的國境之外，鄰國人民卻偏偏作惡多端，即使有善法的政策，也不過流於文字的說明罷了。這種景象令兩個國王憂心忡忡。

有一天，這兩個國王碰頭商議著要怎樣廣設方便，感化鄰國的民眾。可是，累積惡習已久的民眾，要感化談何容易？一個國王感慨地說：「願我早日成佛，普度這些眾生，不令有一個遺漏。」另一個國王則發願：「我要是不能度盡這些罪苦眾生，讓他們得到究竟安樂、證得佛智的話，我就不願先成佛道。」

■ 數不清的菩薩歲月

那位發願早成佛道的國王，就是一切智成就佛；另一位國王就是地藏菩薩。而地藏菩薩到底當了多久的菩薩了？根據《地藏菩薩本願經》上的記載，就算把一個三千大千世界每一樣花草樹木都當作一條恆河，再將恆河裡每一粒沙子算成一界，再將每一粒沙所承載的每一粒塵埃算作一劫，然後全部再乘以一千，也比不上地藏菩薩度化眾生所經過的時間！

或許又有人會覺得，這個「不成佛」的誓願簡直太不划算了！然而，先成佛道難道就比先度眾生好？聖嚴法師以為，這無所謂好壞，而與各人的願力有關。

■ 十地菩薩的終極試驗

通常菩薩在成就佛位前，得通過三大阿僧祇劫的「終極試驗」──亦即放下自我，把自己交付給更需要的眾生。地藏菩薩早就通過這些考驗，亦證得十地果位，如同佛陀一般，已解脫死亡，證得自在之身了。他是依願力來往

於無佛的世界，主動而慈悲地
參與世界的苦難。縱令許多
菩薩已成佛、許多眾生已成
佛，他仍悲心切切的度著無
盡的眾生，自然與被生死業
報束縛的凡夫不可相提並
論。菩薩到了這個境
界，也無所謂成
不成佛或划不
划算的問
題了。

菩薩十地果位

一個大乘修行人若欲成
佛，必須修行菩薩道。菩
薩道共分十個次第：
初地歡喜地、二地離垢
地、三地發光地、四地焰
慧地、五地難勝地、六地
現前地、七地遠行地、八
地不動地、九地善慧地、
十地法雲地。菩薩證此十
地，漸開佛眼，成一切佛
智。(詳見《華嚴品·十
地品》)

地藏菩薩半跏像
日本室町時代
(1392-1574)
台北忠藝館收藏
這尊地藏菩薩半跏像在1987年
曾於故宮展出。其髮際正中稍
尖，白毫隆起，鼻樑高挺。右
手扶托右頰，肘部倚靠曲起的
右腿，作思惟相。左手輕置
於左腿上，拇、食指微向
內彎，餘三指全彎，手
心向上。左腿自然下
垂，是為輪王座。身
著通肩衲衣，左足面
有一孔。

九華山的金地藏是地藏菩薩的應化身？

宋高僧傳系列之一《釋地藏傳》記載：金喬覺在唐朝永徽四年，從新羅國(今韓國)渡海至九華山苦修七十五載，圓寂後肉身不壞，人稱金地藏，並視他爲地藏菩薩的應化身。

儘管佛經上寫著，中國四大菩薩觀音、文殊、普賢、地藏久遠劫來，即化現各種不同分身在人間度化眾生。但千年來，人們一直相信，地藏菩薩確實是歷史上的人物，且是一步一腳印在中國的土地上修成正果的菩薩。

銅漆金地藏菩薩眾相 明萬曆年間(17世紀)
款識：萬曆三十五月吉旦(陰刻)
高41公分
頭戴五方冠，巾帶分兩肩，右手持法杖，左手持寶珠，輪王自在坐姿。右邊有一老者閔公，中有一小獅為地藏之坐騎(諦聽)，左側是道明和尚在侍。方形檯座上地藏之臉部表情莊嚴半閉目，挺鼻菱嘴。如此多重之組合，在銅塑作品中十分少有。在這組合中可看到，主尊地藏菩薩所占比例比隨侍明顯地大許多。(台北許志平先生收藏)

金地藏棲住九華山

唐武則天萬歲通天元年(696)，古新羅王國(今南韓首都首爾)誕生了一位小王子，名為金喬覺。金喬覺稍懂事起，就接受國王安排的帝王教育，並廣泛涉獵中國儒釋道各家的書籍，二十四歲那年突然覺悟到佛法的殊勝，決心剃度出家，法名金地藏。

由於唐代的佛法如日中天，日、韓等國有不少僧人均遠道中國求法，或學儒學、政治等。金地藏在這股風潮中來到中國，最初隨處參訪，遊化數年，後來深為九華山奇秀的地形所吸引，於是在山中盆地的石巖棲住修行。

僧多粥少的枯槁眾

至德初年(756)，地方士紳諸葛節率領村老登山遊樂，不期然在石巖中發現一位閉目趺坐的禪僧，旁邊立著折了一足的古鼎，古鼎裡裝著少數的白米攪拌著白土粉。禪僧出定後把米土煮熟了自食，食完又默默靜坐。村老們見此情景感動莫名，於是說道：「師父！您這樣的苦行，是我們鄰居山下人的過失啊！」

不久，村老們就發心為他構建一座禪寺，並不斷的供養著四時的米糧。寺院建成後，金地藏的聲名也逐漸遠播，各地前來參學的人不少，新羅國亦有百來位僧侶至此請教修法。九華山地形險峻，覓食不易，在僧多粥少的情況下，生活隨即發生問題，煮飯還要摻拌白土(土色白而細膩，俗稱觀音土)。

金地藏的神跡故事

除了肉身不壞之外，金地藏的靈異記載亦促成了他的神格化。如山神出泉、閔公施地等，均加深了金地藏的神秘性。這些神跡故事略述於下：

東巖龍女泉

某天，金地藏正端坐入禪的當兒，突然被一隻毒螯咬傷了腿部，但他依然無動於衷，趺坐如故。不一會兒，由壁中飄下一位美麗婦人，檢衽再拜地饋藥說：「適才小兒無知，瀆犯尊顏，現在妾願出新泉，以補過失。」話才剛說完，那巖壁間便潺潺地流出了新的泉水。從此之後，金地藏也就免去了外出汲水之勞。這處泉水就是目前九華山有名的「東巖龍女泉」。

袈裟盡蓋九華山

金地藏在九華山修行時，當時的山主人稱「閔公」，是一位樂善好施的大富翁，又剛好是諸葛節的老朋友。在老友的引介下，閔公與金地藏一見如故，就開門見山問道：「請問師父，您需要多少地？」金地藏輕鬆地答道：「只要一襲袈裟所蓋覆的地就夠了。」

閔公不禁大笑：「這周圍百里，都是我所有的，何在乎一襲袈裟之地。」

「善哉！善哉！」金地藏隨即將袈裟向空中一展，竟蓋覆了九華山所有山峰。閔公一見，隨即五體投地，虔誠地說：「菩薩慈悲，弟子願將整座九華山奉獻做為十方道場的聖地。」從此，閔公也成為金地藏最得力的護法，而他的獨生子也受其感化而出家，法號道明。現在有些地藏菩薩聖像，兩旁侍立著一老一少，就是當年的閔公父子。

在敦煌寫本的《還魂記》中還有「道明和尚入冥故事」，內容記敘唐開元寺道明被冥吏誤認為龍興寺道明，而被拘拿入冥府，因閻羅王見其相貌而疑有誤，使道明得蒙洗雪，並親眼目睹地藏菩薩，還魂後圖寫丹青，繪地藏真容。

這種不重物欲而重禪定的清修方式，使得當時的佛教界皆讚譽他們為「南方枯槁眾」！

肉身不壞菩薩應化

貞元十年(795)農曆七月三十日，金地藏於趺坐中安詳地圓寂，得年九十九歲。弟子們將他的肉身安置在石函中。三年後打開石函，發現肉身沒有絲毫損壞，而且顏貌如生無異。人們於是迎肉身入神光嶺寶塔，一路上只聞骨節搖動猶如金鎖撼鳴的聲音。「菩薩鈎鎖，百骸鳴矣」的傳說，加上《十輪經》亦提到，地藏菩薩作沙門像，現神通力。因此，人們更加相信，金地藏確實是地藏菩薩的應化身。

鳥瞰九華山
傳說中，金地藏的一襲袈裟就是覆蓋在這層峰疊嶂的九華山，九華山從此成為地藏菩薩的人間道場。(九華山佛教文化研究會提供)

九華山形成地藏菩薩人間道場
之後，使得地藏信仰有了實質
的地理歸依點。(九華山佛教文
化研究會提供)

在忉利天宮上，佛陀交付地藏菩薩什麼超級任務？

> 吾在忉利天宮，慇勤付囑：令娑婆世界至彌勒出世以來眾生，悉使解脫，永離諸苦，遇佛授記。——《地藏菩薩本願經》卷上

釋迦牟尼佛涅槃後，再過五十六億七千萬年，彌勒佛才到這個世界拯救眾生。當時，他還在兜率天內院當菩薩。既沒有釋迦牟尼佛，又沒有彌勒佛，在這好幾億萬年的無佛時代裡，廣大的眾生怎麼辦呢？不用擔心，佛陀早已有了安排。這段感人的故事，就發生在《地藏菩薩本願經》裡。

▊將眾生交付地藏

佛陀即將涅槃前，最放心不下的就是仍在人間受苦受難的眾生，因此在忉利天宮舉行的地藏法會上，他一再囑咐地藏菩薩：「我再一次交代你，從現在起直到彌勒在人間示現成佛為止，娑婆世界所有的苦難眾生，都歸你來救度與教化。因為娑婆世界是最苦的地方，尤其是在末法到滅法時期，眾生更苦。我將這些眾生都交到你手上，請你幫他們得到解脫，永離諸苦，而且還要令他們依法修行，直到成佛為止。」

這副擔子雖然沉重，但地藏菩薩毫不推辭地接了下來，並再三發願：「任何一個眾生，只要依照佛法的教示修行善事，哪怕那善事小到像一根毛、一滴水、一粒沙、一顆灰塵，甚至小到如頭髮尖端那樣的不起眼，我都會利用他那一點善，讓他增長福慧，漸漸得度，獲得涅槃大樂。世尊，請勿再為這些惡業眾生擔心了。」

▊學釋尊穢土度眾

地藏菩薩彷如佛陀親自挑選的「特使」，奔波在娑婆世界、無佛時代的各個角落，救度仍在苦海中輪迴的芸芸眾生。令人好奇的是，世上有這麼多菩薩，為何佛陀單挑地藏菩薩呢？

佛陀所住的娑婆世界被形容為五濁惡世，眾生習氣罪業的強度遠比金剛鑽強上千萬倍。但佛陀發願在娑婆世界度化眾生，成就佛道，一切具足惡見、剛強難化的眾生都是他要度脫的對象。遍尋宇宙十方，在五濁惡世繼承這種實踐精神者，除了地藏菩薩，不作第二人想。因為在《地藏十輪經》中，地藏親口說道：「我今學世尊，發如是誓願，當於此穢土，得無上菩提。」

穢土就是娑婆世界，也就是五濁惡世。由此可知，佛陀與地藏菩薩的本願並無差別。佛陀欣喜後繼有人，自然放心將眾生交到地藏菩薩的手上了。

佛陀忉利天說法唐卡
17-18世紀 西藏地區
佛陀在忉利天宮向母親及天神說法，說的就是《地藏菩薩本願經》。右上角描繪說法情境，正中央則是說法後佛陀乘天梯返回人間的景象。(台北陸美麗小姐提供)

娑婆世界有哪五濁呢？

地藏菩薩在《十輪經》中向佛陀請法時，曾說：「云何此佛國，穢惡損淨善，智者比遠離，惡行者同居。」可見人類居住的娑婆世界，絕對稱得上是穢土了。至於它不清淨程度有多嚴重？《阿彌陀經》上寫，娑婆世界就是五濁惡世。五濁分別如下：

1.見濁：見是見解。人乘佛教創始者聖開法師曾說：「在我們這個地球世間的眾生，到了每一次的末劫，多執著自己的我見、身見、偏見、妄見、謬見、常見、斷見、邊見等種種不合乎真理的一切邪見，使世界濁亂不淨，

苦惱不堪，所以稱為見濁。」
2.煩惱濁：大致分為五種，即貪、瞋、癡、慢、疑。這些煩惱使身心失去平衡，所以叫做煩惱濁。
3.眾生濁：眾生永遠在六道輪迴中，生死無盡期，僥倖做了人，也免不了生、老、病、死等各種苦惱，若是墮到三惡道，更有說不盡的苦。這種沒完沒了的苦，叫做眾生濁。
4.命濁：人命如同朝露，眨眼即消逝。人不知在這有限的生命裡，精進修行，了脫生死，所以叫做命濁。
5.劫濁：有了以上四種循環不已的濁，才造成最後的一個劫濁。劫，梵語為

「Kalpa」，是古代印度測量時間的大單位。我們居住的地球分為成、住、壞、空四個中劫。歷經成、住、壞、空四個階段就是一個大劫。從沒有到有叫做「成」；之後停留在一種穩定的狀態，就是「住」；而後進入毀壞的階段，叫做「壞」；破壞到最後又歸「空」。每個中劫各有二十個小劫。每個小劫的末期，都會有種種的災難，如水火、刀兵、瘟疫等，人的壽命也不斷地減少。這種種現象無不令眾生身心承受極大的痛苦，所以叫做劫濁。

「地獄不空，誓不成佛」，地藏哪來這樣的能耐？

地藏眞能讓地獄成爲一座空城嗎？相信這是很多人的疑問，連四大天王也在地藏法會上這樣質疑。但「地獄不空，誓不成佛。眾生度盡，方證菩提」的悲願讓地藏菩薩產生了超越時空的大願力，也讓他與眾生的悲歡接上了線。

地藏菩薩以無窮的大願力名列中國四大菩薩之一，是許多人的精神支柱及祈求的對象。然而也有人對地藏菩薩的大願有所保留，懷疑他有能耐讓地獄成爲空城，不僅凡夫俗子疑惑，連四大天王也不免當面質問。

度你千遍也不厭倦

《地藏菩薩本願經》記載，佛陀在忉利天宮舉行的地藏法會上，眾人感動於地藏菩薩無私的奉獻，並一致讚嘆時，四大天王卻大剌剌地問佛陀：「世尊啊！地藏菩薩從久遠劫以來，發了那麼大的誓願，怎麼到今天還沒將眾生度完，而且還要再重新發起大願呢？」

這個問題雖然問得很尖銳，但佛陀仍慈悲地說：「地藏菩薩從以前到現在，這麼久遠的時間還沒有完成度化眾生的大願，是因爲過去世的眾生雖然已經得度，但此世的眾生仍不斷造作惡業、承受惡苦。若再看看未來無量劫中，眾生造的業就像種子般，發芽蔓延叢生不斷。因爲眾生得不斷承受輪迴之苦，地藏菩薩就得繼續在娑婆世界中，運用百千萬億種的方便，來度化教導一切的罪苦眾生。」

藉願力與眾生同在

佛陀的這段話不僅是告訴四大天王，也是告訴人們，問題不在地藏菩薩，而在人們身上，但菩薩之所以是菩薩，思考的方式自然跟凡人不同。眼見人們需要導引，以進入了生脫死、離苦得樂的境界，地藏菩薩隨即領悟到，他必須生生世世與眾生的悲歡同在，所以發下「地獄不空，誓不成佛，眾生度盡，方證菩提」的大願。這個悲願也讓他產生超越時空的力量。

彙編《四大菩薩聖德叢書》的佛教歷史學者藍吉富曾表示，願力是讓菩薩能與眾生接上線，並因而與眾生同在的原因，如果沒有願力，就沒有乘願再來的力量。這正是菩薩偉大的地方，因不忍眾生苦，發願不入無餘涅槃，因願力而輪迴。

▋求菩薩不如學菩薩

「眾生無邊誓願度，煩惱無盡誓願斷，法門無量誓願學，佛道無上誓願成。」這是佛教的四宏誓願，也是對地藏菩薩願力的高度概括。雖然地藏菩薩已在宇宙各角落，廣設上億方便，救度眾生。然而在佛教而言，諸佛菩薩的修行始於發願，因此求菩薩不如學菩薩，只要有願，就有力量行走在菩薩道上，讓自己得到解脫，眾生亦皆得解脫。

張勝溫「梵像卷」之地藏菩薩
宋代(960-1279) 台北故宮博物院收藏
全名「宋時大理國描工張勝溫畫梵像」，全圖設色貼金，繪製精工，是台北故宮博物院珍藏的一卷名畫，其著錄全文見於《祕殿珠林續編》和《故宮書畫錄》。此畫共分三段，諸佛、菩薩在第二段。

地藏明明是菩薩，爲何現出家相？

地藏眞大士，……現聲聞色相，……現出家威儀，伏藏七財寶。── 《大乘大集地藏十輪經》序品

　　人們熟知的菩薩，例如文殊、普賢、觀音等都是頭戴天冠、身披瓔珞的天人相。唯獨民間流行的地藏菩薩造像卻是現比丘相，這是中國四大菩薩中唯一不戴花冠、瓔珞，而作出家打扮的菩薩。地藏菩薩現比丘相與他發願效法釋尊，來居穢土不無相關。

現比丘相以居穢土

　　相對於莊嚴圓滿的佛國淨土，穢土爲凡夫所居的娑婆世界。佛教以穢土、雜染、惡世、五濁等概念來揭露社會人生的諸種煩惱，促使人們反躬自省，從清淨圓融的佛法中得到一股清涼及解脫。但在末法時期，眾生多具邪見、習氣深重，對正信的佛法也失去信心。地藏菩薩以比丘相示人，代表著出家人的任務──嚴謹持戒以維護正法的不滅，從而樹立佛法的威儀與圓融。

　　另外，依據《十輪經》記載，地藏菩薩不但自身現比丘相，其所教化的無量佛法眷屬，亦隨之現比丘相，在十方諸佛國土度化眾生。如此說來，地藏菩薩不只是一介比丘，更是一個僧團的建立者了。他帶領著這個僧團，以無量無邊的時間，於穢惡世界廣度眾生，愈是穢惡愈要去，愈是苦惱的眾生愈要度。

出家相爲清淨幢相

　　在佛教而言，僧團不僅對個人，甚至對整個社會都有它的淨化功能。一行

地藏菩薩也有天人扮相？

　　地藏菩薩一開始並非以比丘造形示人。中國的佛教藝術史上，在敦煌及龍門石窟一帶，早期的地藏形象仍是天人裝束。唐代以降，隨著《十輪經》普及民間社會，經典中對地藏菩薩的描述「以神通力，現聲聞（僧侶）像」成了人們造像的依據。致使現今流傳的地藏菩薩像，無論是泥塑、紙畫、木雕，皆作身披袈裟的僧侶打扮。

　　另外，地藏菩薩手中的持物是錫杖還是寶珠，相關經典的記載並不統一。《十輪經》中地藏菩薩是「兩手皆珠現」；《地藏菩薩儀軌》中卻是「作聲聞形，著袈裟，覆左肩，左手持盈滿蓮花，右手施無畏，坐蓮花上」；《地藏十王經》中的六地藏造形，度化人道的放光王地藏與度化畜生道的金剛悲地藏皆以錫杖做爲持物。民間的造像則是右手持錫杖、左手握寶珠。這些持物有何意義呢？

　　寶珠象徵滿人所願，也象徵十方一切諸佛菩薩法身影都會在這寶珠顯現出來。錫杖本是僧人遊方、修行時隨身攜帶的十八物之一。顯教以錫杖爲乞食、驅蟲之用；密教則視錫杖爲佛菩薩內證本誓的標識物。因此地藏菩薩的錫杖，象徵能振開地獄之門，拯救地獄眾生，令他們投生，或者做人，或者生天，或者成阿羅漢。

禪師在《與生命相約》一書即指出，僧團是一個抵抗組織。抵抗在我們的社會中非常盛行的高節奏、暴力和各種不健康的生活方式。一個好的僧團能引導我們走向和諧和覺悟。

　　印順導師亦曾說過：「在這穢惡世界，眾生一天到晚，非爭名即奪利，為生活忙，為私利忙，整個社會充滿了罪惡黑暗。在此黑暗污穢的世界中，應給予一種光明和希望。所以釋迦牟尼佛於穢土中出家成佛。《十輪經》上說，出家的僧相，是穢惡世界的清淨幢相。在此不理想的社會中，建立清淨的僧團，可使大家見聞熏染，而達到身心清淨。佛法是適應社會的，在穢土中弘法要有出家人，現出清淨莊嚴的解脫相。釋迦牟尼佛及地藏菩薩來穢土而現出家相，意義即在於此。」

地藏菩薩立像
日本鎌倉時代(1185-1333)木造 彩色 切金玉眼 高36.6公分 日本奈良國立博物館收藏

儘管在敦煌及龍門石窟一帶發現，早期的地藏形象呈現天人裝束，但由唐代至今，地藏菩薩幾乎都做披袈裟的僧侶打扮，手中的持物則多是寶珠與錫杖。

奈良國立博物館所藏的這尊地藏菩薩是坐蓮台雲座、呈接引相，兩手放在胸前，雙手持物，身體微微前傾，身穿覆肩袈裟，蓋到胸前並橫收入右胸。這尊地藏像基本構造是一整枝扁柏木所成，眼睛鑲上玉石。胸飾之外，袈裟扣環的部分是金銅製的。

地藏菩薩的淨土在地獄？

已得最勝無生法忍，於諸佛法已得自在……爲欲成熟一切有情，所在佛國悉皆止住。如是大士，隨所止住諸佛國土，隨所安住諸三摩地，發起無量殊勝功德，成熟無量所化有情。——《大乘大集地藏十輪經》序品

「淨土」是佛教的理想國，在這片淨土上，珠寶莊嚴，自然豪華，人人平等，不愁吃穿，沒有戰爭、盜匪和牢獄。雖然對淨土的呈現和認識，各宗派有不同的主張，但大致都認爲，佛國淨土不在人間，也不只一處，諸佛依本身的願力各自成就佛國淨土，接引有願往生的十方眾生，以達成佛的究竟之路。阿彌陀佛的淨土在西方極樂世界，藥師佛的淨土在東方琉璃世界，而地藏菩薩的淨土在哪裡？

■ 爲眾生入三摩地

地藏三經中並無任何隻字片語明確指出地藏菩薩的淨土，但《地藏十輪經》記載：「爲欲成熟一切有情，所在佛國悉皆止住。如是大士，隨所止住的諸

地藏菩薩的二十三種定

地藏菩薩的定力就像恆河沙數之多，數也數不清。以下僅列出佛陀在《十輪經》中宣說的二十三種定力：

1. 發智定：地藏菩薩以此定力，使眾生同登發智的三摩地。
2. 具足無邊智定：使眾生以無量上妙供具恭敬供養諸佛世尊。
3. 具足清淨智定：使眾生認識到自身的貪欲過多，唯有不貪一切欲念，心才能得到清淨。
4. 慚愧智定：使眾生起慚愧心，懺悔過去所為，並發願絕不再犯。
5. 諸乘明定：無論是聲聞乘、緣覺乘、菩薩乘，地藏菩薩以「諸乘明定」的力量，令一切眾生能夠善巧，得到天眼通、他心通，並擁有了生脫死的大智慧，了通世出世間的因果。
6. 無憂神通明定：使眾生明心淨淨、不昏不暗，了解所有的憂愁苦惱不過是自身的妄念所引起的。
7. 勝通明定：使眾生得到一種方便善巧

的智慧。

8. 普照諸世間定：使眾生明心見性，普見十方諸佛國土。
9. 諸佛燈炬明定：使眾生捨邪歸正，皈依三寶。
10. 金剛光定：地藏菩薩一入此定，這個佛國土就產生變化，從貧瘠窮瘻的土地轉為豐饒安平的樂土。
11. 智力難摧伏定：地藏菩薩一入此定，使此佛國土的魔王及他的眷屬心生恐怖，不再惱怒害人，並進而皈依三寶。
12. 電光明定：因為得到「電光明定」的加持，眾生將脫離三惡道，永離後世的恐怖，進而得到法的安慰。
13. 上妙味定：使眾生不僅不愁吃喝，而且每樣食物妙不勝言。
14. 勝精氣定：使眾生遠離所有疾病痛苦。
15. 上妙諸資具定：使眾生各種資生的器具，從穿著打扮到家具擺設樣樣妙

不可言。

16. 無諍智定：使眾生身心勇健，遠離紛爭，和諧歡愉，愛樂具足，心無散亂，成就智慧。
17. 能引勝踴躍定：令眾生享受的勝妙歡喜。
18. 世光路定：使眾生得無礙智，能修種種清淨事業。
19. 善住勝金定：使眾生六根具足，常樂遠離，其心寂靜。
20. 增上觀勝幢定：使眾生厭棄惡業，修持十善法戒，以成就生天的道路。
21. 慈悲聲定：使眾生生慈悲心，無怨害心，普平等心，以利益安樂之心。
22. 引集諸福德定：使眾生遠各種天災人禍，疾疫饑饉，苦澀辛酸。
23. 海電光定：地藏菩薩以此定力，使這個佛土的大地具足各種寶藏，並遠離所有天災人禍。

佛國土，隨所安住諸三摩地，發起無量的殊勝功德，成熟無量所化有情。」

修習地藏法門多年的夢參老和尚，於開示這段經文時表示，地藏菩薩引導一切眾生，只要信他、念他、禮敬他，你發願求十方佛國一切淨土，他都送你去。哪裡有地獄，哪裡是無佛時代，哪個地方最苦，哪裡就一定有地藏菩薩在度眾生！這是他的願！不論他到那個地方，那兒就是他的淨土。

《地藏十輪經》亦記載，地藏菩薩已成就不可思議功德，能安住首楞伽摩勝三摩地。「三摩地」是梵語，翻譯成中文的意思就是「定」。每天早晨，地藏菩薩都要在常寂光中進入禪定，以「首楞伽摩勝三摩地」觀察一切受苦眾生，隨機感應予以救度。

改造自己淨化世界

但最大的關鍵仍在於，眾生是否有能力與菩薩「溝通」？也就是說，眾生的心是否與地藏菩薩的智慧、慈悲合而為一？否則，地藏菩薩縱有再大的加持力，也無可得到你的感應。因此，若想得到地藏菩薩的加持，仍得回歸自身的努力。自身的努力又可分為兩種積極的態度：一是，從改變自己、淨化自己的心靈開始，使自己的身心靈達到一個安定的境界；二是，將淨化自己的心靈當作一種參與和改善現實世界的過程，通過個人的心靈淨化，實現全世界的心靈淨化。

《維摩詰所說經·佛國品》中記載：「欲得淨土，當淨其心；隨其心淨，則佛土淨。」因此，淨土的實現全在於淨心。淨土也就是淨心了。

西方淨土
四川大足石刻北山佛灣第245
號龕 晚唐(9世紀末)
「淨土」是佛教的理想國，阿彌陀佛淨土在西方極樂世界。

第20號龕「地藏十王地獄變相」

地藏菩薩

十方諸佛

十王

十八層地獄景象

四川大足石刻寶頂山大佛灣
摩崖石刻北崖全景

這件摩崖造像作品開鑿於南宋淳熙至淳祐年間(1174—1252)，高13.8公尺，寬19.4公尺，是一座經過精心設計且完備的大型佛教密宗及石窟道場。其中，第20號龕為「地藏十王地獄變相」。

此龕造像的結構分四層布局，最上層是十方諸佛，第二層則是前有几案、側有侍童的十王，地藏身形所占的比例偏大，緊貼兩側右邊是脅侍比丘，左邊是女侍；第三、四層表現出十八層地獄種種恐怖的施刑慘狀。戴冠的地藏菩薩則位在上半部的正中央，且俯首下望。值得注意的是，這尊造像面容豐腴、身形鬆軟肥厚，這種嫻熟的圓刀手法所表現出的神態安詳細緻的五官，與十王的猙獰、地獄眾生的恐怖形貌形成強烈的對比。仔細看他手上的摩尼寶珠向上下左右放出正好六道光芒，正符合《十輪經》卷一「兩手掌中持如意珠……放諸光明……光明照故得解脫」這段對地藏的描述。關於地獄景象的表現，則將十八層地獄拆成上面十景與下列八景。整個造像在於呈現(明指或暗示)人死後必經的審判，而地藏菩薩是讓他們脫離苦難的唯一力量，當地藏與地獄並呈，更加深了信徒對主尊崇拜的迫切性。(台北潘宏源先生攝影)

地獄真的存在嗎？

《地藏菩薩本願經》寫著，在南閻浮提的東邊有座鐵圍山。大鐵圍山裡有個地方叫大地獄，由十八所地獄所組成，裡面又依我們所造的惡業，召感出其他五百個中地獄、十萬個小地獄，各有各的名稱別號。

古往今來，許多人曾有夢遊地獄的經驗，並將地獄景象描寫得活靈活現。例如，《太平廣記》裡的唐太宗、《佛祖統記》裡的歐陽修等。由此可知，中國人自古即對地獄深信不疑。但地獄觀念卻非源於中國，而是源自印度的舶來品。

▌地獄本來不叫地獄

西元前五、六世紀的印度即有地獄的觀念，但地獄的說法並非一成不變，而是隨著時代及環境的變遷產生多元的解釋及不同的名稱。佛教興起後並將地獄思想內化為教義的一部分。

隨著東漢時期佛經的傳譯，地獄觀念開始在中國社會流傳。但剛開始，「地獄」不叫「地獄」，是依各部經典的名稱而有不同翻譯。當地獄梵名叫「Niraja」，中文音譯為「泥犁耶」或「泥犁」，意思是說非常不可愛且毫無喜樂可言；當地獄梵名叫「Naraka」，中文音譯為「捺落迦」或「撩落迦」，是指惡人、苦器，或惡人受苦的地方；有的譯者則依據「魂歸泰山獄」的說法，乾脆將「泥犁耶」或「捺落迦」統統翻譯成「地獄」。幾千年下來，「地獄」一詞最為一般人接受。

▌地獄是十法界之一

佛教將世間的生命形態區分為「六凡四聖」，又稱「十法界」。「六凡」指六道：地獄、餓鬼、畜生、阿修羅、人、天；「四聖」則指聲聞、緣覺、菩薩、佛。在佛法而言，生命在未解脫前，得依據自身的業力在天、人、阿修羅、畜生、餓鬼、地獄等六道中輪迴。其中地獄、餓鬼、畜生又稱為三惡道，阿修羅、人、天則稱為三善道。地獄則是六道中最痛苦不堪的一道，受苦的景象與但丁筆下基督教的地獄等量齊觀，是恐怖異常的非理想境界。

雖然十法界的生命形態有高低分別，但生命本質是平等的，既可上升進步，也可能下降墮落。善有善報、惡有惡報，行善者可由鬼變成人，作惡者也可能由人變成鬼。地獄眾生在業報受盡或自悟自覺後，也有出離的一天。

十法界

六凡						四聖			
三惡道			三善道			小乘	中乘	大乘	一乘
地獄	餓鬼	畜生	阿修羅	人道	天道	聲聞	緣覺	菩薩	諸佛

地獄變相之地藏菩薩像
四川大足石刻寶頂山大佛灣 第
20號龕　南宋(1127-1279)
地藏菩薩宣說地獄果報，正是
立基於「行為改變」，他相
信，眾生一旦了解因果關係，
將進而對生命產生全新的思
惟。(台北潘宏源攝影)

■ 地獄，就在人的一念間

　　然而，地獄不僅存在十法界中，也在人類日常生活中。於八世紀造訪西藏的印度成就者蓮花生大師以為，人類也會經歷地獄等道眾生的痛苦。那些因為竊盜等罪行而受斷肢、刺刑、吊刑等折磨的罪犯，所受的苦和地獄眾生沒有兩樣；那些貧窮、卑賤、為飢渴所苦的人們，也和餓鬼道眾生遭受相同的磨難；身為沒有自主權的僕役或是遭受壓迫的人們，也與畜生道一樣苦於沒有自由。

　　此外，地獄也在人們的一念之間。宣化上人曾說：「十法界就是從我們人現前這一念心生出來的。所以說『十界一心，不離當念』：這十法界都沒有離開你，就是現前這一念。」在日常生活中的你我，心念是瞬息萬變、常被客觀環境所牽引，前一秒鐘才是諸佛聖賢的心，後一秒鐘就成了餓鬼畜生心，行為舉止常被貪、瞋、癡、慢、疑所控制，不正是地獄的最佳寫照嗎？由此看來，佛經中描述的地獄雖然有點摸不著邊際，但人們的所作所為無疑將地獄活生生地搬到現實人間上演了。

下地獄跟「業力」有什麼關係？

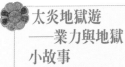

太炎地獄遊
——業力與地獄
小故事

民國初年，朱鏡宙曾說了一則關於岳父——國學大師章太炎「日斷陽，夜斷陰」的傳奇故事。

有天晚上，幾個小鬼抬著轎子來接章太炎。他問道：「到哪裡去？」「東嶽大帝請你去當判官。」小鬼回道。章太炎一想，當判官不就要死了嗎？「不會，早晨我們會再送你回來。」小鬼說。

在無法回絕的情況下，章太炎便做了東嶽大帝的判官。白天要辦國家大事，晚上則在鬼道上班，日夜都不能休息。有一天，他突然想起地獄有一項處罰淫亂之人的刑罰——「抱銅柱」，殘酷的程度猶如人世間的炮烙之刑，於是建議東嶽大帝將之廢除。東嶽大帝聽了一笑，說道：「你先去參觀一下吧。」

在兩個小鬼的陪同下，章太炎來到炮烙刑場，卻怎麼也看不到任何酷刑。這才恍然大悟，原來酷刑是自己業力變現的，自己未曾造下這個業力，到了刑場自然看不到。從此不再提及廢除任何刑罰了。

閻浮提眾生，業感差別，地藏菩薩，百千方便，而教化之。是諸眾生，先受如是等報，後墮地獄，動經劫數，無有出期。——《地藏本願經》卷上

　　星雲法師曾說：「人間上有天堂，下有地獄，是天堂地獄的中樞站。」而啓動上升或下沉的按紐就是「業力」。

業力來自行爲的造作

　　業是梵語「Karma」與「Karman」兩字的音譯，即「行爲」之意。所謂「行爲」，不僅指身體行爲，也包括言語造作及精神思想，佛教稱爲身、口、意三業。達賴喇嘛曾經指出，業力，這苦的源頭，來自於一個終究的源頭：貪、瞋、癡等三個根本煩惱。而貪、瞋、癡這三個根本煩惱促成了或善或惡的業行，再由於業行的造作產生了六道輪迴生死流轉的痛苦。

地獄草紙卷局部：鐵磑地獄
日本平安－鎌倉時代(12世紀末) 紙本著色 26.5公分×454.7公分 日本奈良國立博物館收藏
地獄草紙卷為日本國寶，由六段詩詞與七段繪畫所組成，表現隋‧闍那崛多譯的《起世經》卷二所說的八大地獄周邊地十六小地獄。本圖與第57頁圖為第三段的鐵磑地獄和第四段的雞地獄。這件作品採取暗色系並以柔和的線條描繪，瀰漫沉重的氣氛，同時也透露著某種超越的穩健度。在繪圖表現上明顯受到中國宋代的影響，在現存所謂六道繪的地獄草紙中，屬最精緻的作品。
地獄草紙：是平安末期到鎌倉初期，也就是約12世紀末流行的畫卷。表現一切眾生皆輪迴在六道中，主要呈現地獄世界的景象。隨著淨土信仰與六道輪迴的思想在當時的日本廣大流傳，描寫輪迴六道恐怖的「六道繪」便十分盛行。

　　所以，人們在一生中造作種種的業，不管善業也好，惡業也好，都將產生一股力量，驅使人們輪迴六道，承受各種果報，這種現象就稱爲業力。業力的運行沒有控制者，沒有主宰者，是一種再自然不過的自然現象。如同天雨滋潤了大地，大地因此擁有了一股令草木旺盛的力量。《地藏菩薩本願經》記載：「業力甚大，能敵須彌，能深巨海，能障聖道。是故眾生，莫輕小惡，以爲無罪，死後有報，纖毫受之。」

▌地獄因業力而存在

　　業力的運行以善惡爲準則。人們積了善業就往生三善道，積了惡業就往生三惡道，也就是說下輩子可能「不是人」，而是鳥獸魚蟲等的畜生，或咽細如針的餓鬼等等。若造作惡業的程度嚴重到天地不容時，死後立即下地獄，沒得討價還價的餘地(見檔案18)。《地藏菩薩本願經》記載，地獄是閻浮提眾生業力感召而來的。也就是說，地獄並不是蓋在那裡等著人們報到，而是

 業到底有多少種呢？

「業」雖然只是簡簡單單一個字，卻因造業的方式而有以下不同的類別：
一、以媒介造作來分，可分為身、口、意三種。
人是造業的主體，而身、口、意則是造業的媒介。身業，即經由身體所做的行為；口業，就是以口頭傳播的話語；意業，則是以意念思惟的事物。身口意三業的造作，是先有意念才會產生身體與口語的行為，而有意念也未必會產生身體與口語的行為。所以起心動念是最主要的關鍵。
二、以果報性質來分，可分為善業、惡業、無記業三種。
善業：人們造作的一切行為、事情，將來會形成好的果報；惡業：人們造作的一切行為、事情，將來會形成惡的果報；無記：人們造作的一切行為，既非善業也非惡業。善惡是指我們的起心善惡而言，但有時並非完全如此。比如

說，有人生了不治之症，你想結束他的痛苦而讓他安樂死，但在佛教而言，殺人是惡業，以後要受惡的果報，而你以為幫病人脫離了苦海，卻不知只是將他的痛苦延伸到下一世罷了。所以要明瞭業力的果報，就非了解因果關係的運作不可。
三、以果報承受性來分，分為共業與不共業兩種。
共業：指人們造作的行為互相影響，而結果也必須大家共同來承受；不共業，指人們的行為只影響到個人的身心，自作自受，稱為不共業。每個人身心的形成或是享受的多寡都是不共業，所處的大環境則是共業形成的結果。
四、從果報確定性來分，分為定業與不定業兩種。
定業：有些業的「果報」與「受報的時間」都很肯定，稱為定業。佛經記載，五逆重罪必定墮入地獄，便稱為定業；

而有些「果報」及「受報的時間」都不肯定的，就稱為不定業。佛經上記載，定業不能轉，但不定業則可經由拜佛懺及修行來改變它。
五、以思和行的關係來分，分為思而作、思未作、未思而作、未思未作。
「思」是以心來指揮身體的活動、口頭的言語。
六、從果報層次性來分，可分為引業與滿業兩種。
引業：指由業力牽引轉世的生命形態，比如造善業可生天享福，造惡業下地獄受苦；滿業，指人們依引業轉世投胎後，還得承受各種不同程度的果報，使這一生的業報完滿，稱為滿業。例如，今生為人是引業所造成的，但有人命運多舛，有人富貴榮華，這種種的差異是因業力不同而形成的結果。這種令人完成圓滿一生的業報，稱為滿業。

人們以業力自己打造而成。人們不斷造惡業，地獄便永無關門大吉的一天！

業力如此了得，人們逃得出它的手掌心嗎？麥爾福・史拜羅（Melford E. Spiro）在《佛教與社會》（Buddhism and Society）中寫道：某人百世高風亮節，但若在某時犯了會墮地獄的惡行，他絕對無法逃避這個果報。他可能因為自己的高風亮節而直接從地獄升天，卻無法避免之前處於地獄的惡報。依據這種看法，就沒有任何作為可以逃避果報了。

改造業力從心開始

所謂「萬般帶不去，唯有業隨身。」人們在生命結束時，所有的榮華富貴轉眼成空，不想帶走的業力卻如影隨形，甩也甩不掉。既然甩不掉，只好改變它。索甲仁波切曾經說過：「業不是宿命的。業是我們有能力去創造和改變。業具有創造性，因為我們可以決定行動的方式和動機。我們可以改變。未來掌握在我們的手中，掌握在我們的心中。」

地獄草紙卷局部：雞地獄

地獄到底在哪裡？

三千大千世界究竟有多大？

佛教的「宇宙」是一個「三千大千世界」。因為它是由無數個小世界所構成，集合一千個小世界稱為一個「小千世界」，再集合一千個「小千世界」稱為一個「中千世界」(一百萬個小世界)，再集合一千個「中千世界」稱為一個「大千世界「(十億個小世界)，將小千、中千、大千合起來總稱為「三千大千世界」。

地獄因人們的惡業力而存在，那麼地獄到底在哪裡？要想知道地獄的位置，首先要了解佛教的宇宙觀。

根據《俱舍論》的記載，人類居住的小世界是以須彌山(又稱妙高山)為中心，周圍環繞著九山八海、四大部洲及一個日月星辰體系。這個世界的最下層是一層氣體，稱為風輪，形狀猶如圓盤形狀，厚達一百六十萬由旬（由旬是古代印度測量長度的單位，一由旬大約有七十公里），周長有「無數」由旬，圓周與直徑的比例是三比一。

風輪之上有個水輪，形狀像圓盤，直徑有一百二十萬三千四百五十由旬，厚度有八十萬由旬。水輪之上有個金輪，形狀也像一個圓盤，直徑為一百二十萬三千四百五十由旬，厚度有三十二萬由旬。

▌ 人類住在南贍部洲

金輪表面有九座山峰，須彌山聳立中央，由金、銀、琉璃和玻璃形成，高度有十六萬由旬，下面一半沉沒在水裡，上面一半聳立在水上。須彌山外有持隻、持軸、檐木、善見、馬耳、象鼻、持邊七重金山圍繞。

位於須彌山東角有一個東勝身洲(又稱東毗提訶)。南角有一個贍部洲(又稱南閻浮提)，就是人類居住的地球。西角有西牛貨洲(又稱西瞿耶尼)。北角有一個北俱盧洲(又稱北鬱單越)。在金輪上的最外圍，屹立著環狀山脈，便是鐵圍山了。鐵圍山，顧名思義就是由鐵形成的山脈。這些山脈和島嶼的周圍都是水，也就是我們所說的「海洋」了。

▌ 地獄就在你我下方

而地獄又在哪裡呢？各經論對地獄位置的解釋差異極大，《長阿含經》、《大炭樓經》、《俱舍論》等記載各不相同。但諸家之說大抵不離山間、水邊、曠野、空中等等，而且最終都會提到「鐵圍山」、「閻浮提」等，也就是人類生存的地球。《地藏菩薩本願經》記載，地獄在南閻浮提東邊的鐵圍山內；至於《俱舍論》則記載，地獄在南閻浮提的下方。為何地獄就在人類生存不遠處呢？依據《新毘婆沙論》記載，這種安排最理想不過了。因為人類雖然懂得為善修福，為非作歹亦不遑多讓。所以地獄當然以地球為大本營，向四面八方擴散開來了。

檔案 *18* 地獄之門永遠爲誰開？

> 造五無間及近五無間四根本罪，並謗正法、疑三寶等……隨造一種，身壞命殞，無餘間隔，定生無間大地獄中。 ──《大乘大集地藏十輪經》卷三

「天堂有路你不走，地獄無門你硬闖。」是人們朗朗上口的俗語，也說明了人心的固執。地獄本與你無緣，何苦在地獄道上披荊斬棘，勇往直前，至死方休？然而人們一旦造作了惡業，地獄之門一定會開嗎？

印順導師說：「有了墮地獄的惡業，來生不一定墮地獄。每個人可能在過去生或此生中造作了有很多的地獄惡業，但不一定非墮地獄不可。若有善的功德因緣，或者勝過惡業，還是上升人天(但不是地獄的惡業就沒有了)。可是，若造了『極重惡業』，除非不犯，一犯即墮，其他功德或懺悔都不可能抵銷，就如同一個患了絕症的人，即使遇到了名醫良藥也是枉然。」《地藏菩薩本願經》亦記載，這種罪任何人都無法代替，至親的父子亦如此。

依據《地藏十輪經》的說法，「極重惡業」分兩類。第一類包括：五無間罪、四根本罪、謗正法，以及疑三寶等十一種罪名。第二類爲十惡輪，大抵不脫毀壞三寶的罪行。「輪」具有乘載之意。「惡輪」就是乘載了破壞一切功德善根的業力。茲將這兩類「極重惡業」表列如下：

類　別	極　重　惡　業	細　項　罪　名	說　　明
第一種極重惡業	五無間罪 (或稱五逆重罪)	殺父	
		殺母	
		殺阿羅漢	
		出佛身血	傷害佛陀的身體
		破和合僧	破壞僧團的合諧
	四根本罪	殺	在四根本罪中犯下最嚴重的程度，死後必定墮入地獄。
		盜	
		淫	
		妄	
第二種極重惡業	謗正法	一切有關佛的教法	對佛門弟子而言
	疑三寶	三寶指佛、法、僧	對佛門弟子而言
	謗阿蘭若		阿蘭若指清修的比丘
	謗於別乘	謗聲聞乘	三乘互相誹謗等同於謗正法的罪名
		謗緣覺乘	
		謗菩薩乘	
	瞋害比丘	瞋害具德行的比丘	比丘未被取消出家資格前，瞋害還犯了惡業。
		瞋害破戒的比丘	
	侵奪清淨僧物回予破戒者		侵奪清淨僧的物品，並贈予破戒者享用
	毀害法師 侵奪僧物		
	毀寺逐僧		

阿鼻地獄就是無間地獄？

「無間地獄」就是「阿鼻地獄」。阿鼻來自梵文AVICINAR-AKA，阿的意思是無，鼻的意思為間。阿鼻地獄即不分晝夜、受苦沒有間斷之意，所以又稱無間地獄。

人世間最大的痛苦是求生不得，而無間地獄最難忍受的痛苦卻是求死不能。至於它到底是怎麼個苦法呢？《地藏菩薩本願經》是這麼說的：

▌無間地獄恐怖異常

無間地獄的獄牆是純鐵打造，周長一萬八千里，牆高一千里，上面有火對著下面噴，下面也有火對著上面噴。這裡面有會吐火的鐵蛇、鐵狗，馳騁追逐著那些罪業眾生，有的則在獄牆上到處巡邏，防止潛逃；裡面有一張床，占地方圓一萬里。一般人會看到床上有千萬人同時受苦，但罪人卻只會看到床上只有他一個人，而且身體布滿了整張床，因為他的苦在這張床上將擴大一萬倍。

此外，十萬個夜叉、惡鬼，嘴牙如劍一樣長，眼如電光那樣恐怖，手上長的銅爪又捥、又抓、又拖、又拉的，將罪人整得體無完膚；有的夜叉手裡拿著「大鐵戟」，或叉罪人的身體，或叉罪人的口鼻，或叉罪人的腹背，又住後又把他丟到空中，再以「大鐵戟」攔截；有的夜叉在罪人全身的每一個關節釘下長釘，或讓帶著犁的鐵

十王經圖卷
敦煌莫高窟第17窟　五代(9世紀末至10世紀初)　紙捲軸畫
高27.8公分 長239.9 公分　大英博物館收藏
藏於大英博物館的十王經圖卷描述的正是地獄景象，逐個表現十王過堂的情形，亡者或因善行往生淨土，或因作惡遭受苦刑。這時，慈信悲憫的地藏菩薩出現在披枷戴鎖的罪人面前，手持能以燦爛光輝照亮黑暗地獄的摩尼寶珠，履行教化救度的誓願，為他們指點解脫之途。

牛去犁罪人的舌頭，或把罪人的腸子拉出來切成一段段的，或將熔化的銅汁灌在罪人口中，或將熔化的鐵澆到罪人身上；還有鐵鷹叼食罪人的眼睛，鐵蛇絞綁罪人的脖子等。任何一種折磨都能讓人立刻死去，但死後又馬上活過來，再受同樣的罪苦。

五種永無止盡的苦楚

更慘的是，無間地獄的罪報是無止境的。當舊世界毀滅時，罪人並不會跟著毀滅，還得轉到其他世界的地獄繼續受苦。《地藏本願經》形容無間地獄爲「五無間地獄」，因爲裡面的罪業眾生得承受五種永無止盡的刑罰：

一、受苦無間：只要一掉進這個地獄裡，從一開始到百千萬劫甚至千萬億劫，無時無刻不在受萬生萬死的苦刑，這種痛苦反覆輾轉毫不間斷，直到惡業消除殆盡的那一刻才會停止。

二、身形無間：《地藏本願經》描述，一人亦滿，多人亦滿。也就是說，一個人的身體可以同時布滿所有的地獄之中，接受一切的苦刑。但從另一方面來說，一切地獄的痛苦亦同時加諸在每一個人身上，其中的痛苦眞是不寒而慄。

三、分秒無間：在地獄受罪的眾生，於受苦刑昏死過去後，經業風一吹，再度甦醒，繼續接受處罰，如此周而復始，永無止盡，即使想要暫停一秒鐘都不可能。

四、罪器無間：這個地獄充滿著各種刑罰，每個犯人忽而上刀山、忽而下油鍋、忽而抱火柱、忽而灌烊銅，種種罪刑輪番上陣，令人痛不欲生。

五、罪類無間：不論男女老少、出生貴賤，或是哪一道的眾生，只要犯下五逆重罪，都得受這個苦，沒有任何的區別。

無間道不是無間地獄！

電影《無間道》大受歡迎，使得人們以爲「無間道」就是「無間地獄」。其實這兩個佛學名詞的意思相差十萬八千里。無間道，是指斷除所應斷除的煩惱，而不爲煩惱所障礙的修行。藉由這種修行可以毫無間斷地進入解脫之道，因此又稱爲「無礙道」。《俱舍論》卷二十五即記載：「無間道者，謂此能斷所應斷障。」

除了上刀山下油鍋，地獄還有哪些酷刑？

各個獄中，有百千種業道之器，無非是銅、是鐵、是石、是火，此四種物，眾業行感。 ──《地藏菩薩本願經》卷中

因人們惡業力而感召來的地獄各不相同，各種不同的地獄又各有十萬種不同的器械和刑具。製造這些器械和刑具的物質不外銅、鐵、石、火四種性質，因為地獄眾生以剛強難化的心，召感來的是銅、鐵、石頭的刑具；而服刑時的苦楚召感來的則是五陰熾盛的烈火。

▌說不盡的地獄酷刑

地藏菩薩曾經向摩耶夫人說道：「若廣說地獄罪器等名，及諸苦事，一劫之中，求說不盡。」因此，以下僅列出《地藏菩薩本願經》中記載的地獄酷刑：

地獄名號	酷　刑
四角地獄	此獄的任何東西都是有稜有角的，罪犯無論走到何處，都將碰得滿身是傷，無計可施。
飛刀地獄	數不清的飛刀如「風掃落葉」般，向罪犯四面八方襲來。千刀萬剮的痛苦不過如此。
火箭地獄	帶火的箭不斷從空中落下，刺穿罪犯的身體。
夾山地獄	罪犯被兩座合攏起來的山夾在中間磨轉。
通槍地獄	罪犯被矛刺得前心穿後背、後背穿前心。
鐵車地獄	燒紅的鐵車從罪人身上壓過。
鐵床地獄	罪人在燒紅的鐵床上翻滾，輾轉反側。
鐵牛地獄	此獄以燒紅的熱鐵牛來踐踏罪犯。
鐵衣地獄	罪犯穿著赤熱的鐵衣，將皮肉筋骨燒成焦炭。
千刃地獄	上千把快刀對著罪人砍去，真是所謂的亂刀齊下了。
鐵驢地獄	讓罪人騎在燒紅的鐵驢上。
烊銅地獄	此獄以燒熔的銅汁灌進罪人的嘴裡。
抱柱地獄	讓罪人抱著燒紅的銅柱子，焚燒其身，通體焦黑。
流火地獄	一如火山爆發的流火，如大雨般降落在罪犯身上。
耕舌地獄	把罪犯的舌頭拔出來，讓帶著犁的牛一條條地耕它。
剉首地獄	以犀利的刀斧，砍削罪人的腦袋。
燒腳地獄	把腳燒枯，燒枯了再長，長了再燒枯。
啗眼地獄	此獄的夜叉和鐵鷹喜歡吃罪人的眼睛。眼睛被吃了又再長出來，長了又再取出來吃掉。
鐵丸地獄	此獄的獄卒將燒紅的鐵丸餵食罪犯，使其腸胃潰爛。
諍論地獄	罪犯在此諍論不休，想停也停不下來。
鐵鈇地獄	罪犯被燒熱的鐵斧亂劈，不亞於「千刃地獄」亂刀齊下之苦。

右頁圖：

地獄變相圖局部：刀山地獄
四川大足石刻寶頂山大佛灣 第20號龕　南宋(1127-1279)
將陰森恐怖的十八地獄竭力鋪張地顯示：牛頭馬面猙獰強悍，受罪人呼天號地；尖刀、鋸解、油鍋、寒冰、沸湯諸般酷刑慘不忍睹，令人觸目驚心。(台北潘宏源攝影)

多瞋地獄	罪犯無時無刻在瞋恨別人,也瞋恨自己。
叫喚地獄	即「嚎叫地獄」或「大嚎叫地獄」。
拔舌地獄	把舌頭割下來,割了再長,長了再割。
糞尿地獄	此獄到處都是糞和尿,不論坐著、躺著、站著都陷在糞之中,好像活在糞坑裡。
銅鎖地獄	用熱的銅鎖鏈子把罪人鎖起來。
火象地獄	此獄有渾身冒著火的鐵象踐踏罪人。
火狗地獄	此獄有渾身冒著火的鐵狗嘶咬罪人。
火馬地獄	此獄有渾身冒著火的鐵馬踐踏罪人。
火牛地獄	此獄有渾身冒著火的鐵牛踐踏罪人。
火山地獄	此獄有山出火。罪人分秒活在如同火山爆發時的那種岩漿四射、披天蓋日的恐怖中。
火石地獄	到處都是燃燒著的石頭。
火床地獄	罪人在燒著大火的床上不停地翻滾。
火梁地獄	此獄到處都是燃火的梁柱,罪犯隨時處於被焚烤的痛苦中。
火鷹地獄	有全身燃火的鐵鷹咬啄罪人的眼睛,如同「鐵鷹地獄」一般。
鋸牙地獄	專門拿燒熱的鋸子鋸斷罪人的牙齒。
剝皮地獄	此獄的罪犯被活生生地全身剝皮。
飲血地獄	此獄的夜叉、羅剎如同電影裡的吸血鬼,以喝罪人的血為樂。
燒手、燒腳地獄	此獄專門燒罪人的雙手及雙腳,燒壞了立即長好,長好了又再被燒。
倒刺地獄	到處都是充滿倒刺的鐵網,纏進去就被倒刺鉤住,愈纏愈緊,愈掙扎愈鉤刺得厲害。
火屋地獄	地獄內外都著了火。
鐵屋地獄	此獄如同燃燒熾熱的鐵屋。
火狼地獄	此獄有全身燃火的鐵狼,以嘶咬罪人為樂。

地獄變相圖局部
四川大足石刻寶頂山大佛灣
第20號龕 南宋(1127-1279)
❶ 黑暗地獄
❷ 刀船地獄
❸ 糞尿地獄
❹ 截膝地獄
❺ 寒冰地獄
❻ 鐵輪地獄
(台北潘宏源攝影)

地獄不止一個？都是十八層嗎？

> 諸有地獄，在大鐵圍山之內。其大地獄，有一十八所，次有五百，名號各別，次有千百，名字亦別。——《地藏菩薩本願經》卷上

　　為惡者死後入地獄，一入地獄想出來便難了。那麼到底有多少個地獄，可以容納那麼多的罪人？有的佛經說地獄有四個，有的說六個、八個、十個、十八個、三十個、六十四個，甚至無量無邊。例如，《地藏菩薩本願經》記載，大鐵圍山裡有一個地方叫大地獄，大地獄是由十八所地獄營造成的，裡面又依我們所造的惡業，召感出其他五百個中地獄，十萬個小地獄，各有各的名字。

▌地獄數量與日俱增

　　這些佛經上所說的地獄名號與數量，都是單就一個「小世界」而言，若以小千世界、中千世界以及三千大千世界來計算，地獄的數量猶如天上繁星，數也數不清了。從諸多佛教經論的記載得出一個結論，早期經典所說的地獄數目較少，愈到晚期，地獄數目就愈多。地獄之所以不斷地「擴建」，是否與世風日下、人心不古有關，就不得而知了。

　　另外，根據《俱舍論》及《大乘義章》的記載，地獄有最基本的八熱地獄和八寒地獄，合稱根本地獄。十六個根本地獄又各有十六個小地獄。根本地獄加上孤獨地獄及近邊地獄，合稱十八地獄。

▌十八地獄不是十八層

　　八熱地獄的位置是縱向上下重疊在南閻浮提(南贍部洲)地下。根據《俱舍論》記載，八熱地獄的最下一層是無間地獄，距離南閻浮提下方二萬由旬處，體積也有兩萬由旬。另外，八寒地獄的位置則是橫向左右連結在南閻浮提地下；至於孤獨及近邊地獄則散置在南閻浮提四周。從這些位置看來，佛經上描述的地獄並未如同中國民間所言的十八層那麼深。茲將十八地獄的名稱及酷刑表列如右：

性　質	位　置	地　獄　名　稱	酷　刑
根本地獄 八熱地獄	縱向上下重疊，在南閻浮提地下	等活（活大）地獄 Samjiva	此獄的罪人承受種種斫(襲擊)刺磨擣至死，然後冷風一吹又復活過來，再次承受酷刑，周而復始，永無止盡。
		黑繩地獄Kolasutra	此獄的獄卒如同木匠一般，先以黑繩在罪人身上畫線，再沿著黑線切割罪人的身體。
		衆合地獄Samghata (又稱堆壓、合大地獄)	聚合各種不同的刑具以處罰罪人。
		叫喚地獄Raurava (又稱嚎叫地獄)	罪犯不堪受苦，大聲發出悲號啼叫
		大叫喚地獄 Maharaurava (又稱大嚎叫地獄)	因刑罰比叫喚地獄更不堪，所以罪犯嚎叫也愈大聲。
		炎熱地獄Tapana (又稱燒炙、熱惱地獄)	罪人處於烈火燒炙之苦。
		大炎熱地獄 Pratapana (又稱大燒炙、大熱惱獄)	此獄的烈火更甚於炎熱地獄，罪人受苦更加劇烈。
		無間地獄Avicinaraka (又稱阿鼻地獄)	罪犯受苦毫無間斷，所受的刑罰也最為殘酷。
八寒地獄	橫向左右連結，在南閻浮提地下	額浮陀地獄Arbuda	額浮陀指腫皰。罪犯因嚴寒逼迫，臉上長出腫皰。
		尼羅浮陀地獄 Nirasrbuda	尼羅浮陀意為皰裂。由於此獄寒冷切膚入骨，罪犯全身的腫皰因而破裂。
		阿羅羅地獄(Atata)	阿羅羅、阿婆婆、候候都是因嚴寒交迫，罪人唇不能動，只能舌中作出的聲音。
		阿婆婆地獄(Hahava)	
		候候地獄(Huhuva)	
		漚波羅地獄(Utpala)	漚波羅為青蓮華、波頭摩為紅蓮華、摩訶波頭摩為大紅蓮華。指地獄嚴寒迫使人肌肉爆裂如青蓮華、紅蓮華及大紅蓮華。
		波頭摩地獄(Padmra)	
		摩訶波頭摩地獄 (Mahapadlma)	
孤獨地獄	南閻浮提四周	孤獨地獄	位於山谷、曠野或四大部洲之中。罪人受孤獨無伴之苦。
近邊地獄	南閻浮提四周	近邊地獄	與孤獨地獄一樣，處所不定。

眞的有十殿閻王嗎？

人死之後，是否所有事情便一筆勾消了呢？根據《地藏十王經》的說法，人在臨終時，將被鬼卒拘提至十殿閻王前接受問案、審判，以及分發來生的去處。

地獄既是囚禁死後才來報到的犯人，那麼是否有一群人每天審理這些應接不暇的「死亡案件」呢？印度傳來的佛經上雖然只找得到閻摩一人，但由漢人執筆的《佛說地藏菩薩發心因緣十王經》(以下簡稱《地藏十王經》)及《玉曆寶鈔》上，卻有著十殿閻王的群像描述。

▋十殿閻王各有審長

話說佛陀在入滅前，向前來告別的諸大菩薩、天人、地獄十王及冥界神祇等開示，人體中有魂、魄二識，命終時將被地獄鬼卒拘提至十殿閻王前接受問案、審判，以及分發來生的去處。

十殿閻王，又稱十殿冥王或十殿閻君，分別爲：秦廣王、初江王(亦有版本稱爲楚江王)、宋帝王、五官王、閻羅王、變成王(亦稱爲卞成王)、泰山王、都市王、平等王及五道轉輪王。每一殿的閻王各有不同的職司及審案的專長，並以第五殿閻羅王爲最高主宰者。例如，若有人在世時爲非作歹，被地下鬼神及伺候者奏上五官王，再經過審判確定罪證確鑿時，便奏呈閻羅王。閻羅王再根據犯罪的輕重加以懲處。

因第五殿的地位特殊，所以殿中設有「檀荼幢」，上有人頭形，能見人間所行一切，而善惡童子，係與人同生的具生神，也稱爲左右雙童，左記惡、右記善；共同向閻王稟奏，殿中又有業鏡，鑑照亡魂生前所行一切事蹟。閻羅王並告知世人，必須在三長月十直齋日持齋念佛，並備錢、幡、水果，向北醮祭，誦念閻羅王，如此可延壽，削除死籍，著生簿，免於橫死。

▋十殿閻王猶如人間法庭

看到這裡，你是否覺得十殿閻王的規模似曾相識呢？不錯，十殿閻王猶如古代官府衙門的翻版，只不過犯人是「死人」罷了。這套漢化的地獄組織將因果報應具體化，亦使得在陽間飽受特權欺凌的小老百姓，可以安心地活在未來「願景」中。可惜的是，因爲撰寫者是以個人經驗作爲藍本，所以書中描述的地獄景象只發生在中國，自然沒有非洲的酋長、巫師，或歐美的上下議院制了。

右頁圖：
《因果圖鑑‧地獄變相圖》之局部：
❶ 第一殿秦廣王
❷ 第二殿楚江王
(江逸子先生提供)

各司其職的十殿閻王

十殿閻王各個來頭不小，有些取材自佛經，有些則是道教中的神祇，而且每一殿的閻王都是佛菩薩的化現。現綜合《地藏十王經》、《玉曆寶鈔》的描述，將十殿閻王相關說明表列如下：

十 王	職 司 及 審 案 專 長	名 號 來 源	諸佛菩薩
第一殿 秦廣王	專司人間夭壽生死。善人壽終，接引超生。功過兩半者，交送第十殿發放，仍投人間。惡多善少者，轉押第二殿。	《地藏十王經》	不動明王
第二殿 楚江王	掌管活大地獄。凡在人間姦盜殺生者，推入此獄。刑滿轉押第三殿。	《地藏十王經》	釋迦牟尼佛
第三殿 宋帝王	掌管黑繩大地獄。凡陽間忤逆尊長、教唆興訟者，推入此獄。刑滿轉第四殿。	《地藏十王經》	文殊菩薩
第四殿 五官王	掌管合大地獄。凡世人抗糧賴租、交易欺詐者，推入此獄。刑滿轉發第五殿。	《灌頂經》、《淨度三昧經》等。	普賢菩薩
第五殿 閻羅王	掌管叫喚地獄。凡解到此殿者，押赴望鄉台，令之聞見世上本家因罪遭殃各事，而後鉤出心，擲與蛇食。刑滿轉發第六殿。	佛經中的閻摩 (或稱焰摩王、閻羅天子)	地藏菩薩
第六殿 變成王	掌管大叫喚地獄及枉死城。凡世人怨天尤地、不敬鬼神者，發入此獄。滿日轉第七殿。	道教的冥間神祇	彌勒菩薩
第七殿 泰山王	掌管熱惱地獄。凡陽間取骸合藥、離人至戚者，發入此獄。刑滿轉發第八殿。	民間信仰的泰山府君	藥師如來
第八殿 都市王	掌大熱惱地獄。凡在世不孝父母者，發入此獄。刑滿交第九殿。	摩尼教	觀世音菩薩
第九殿 平等王	掌無間地獄。凡陽間殺人放火、斬絞正法者，發入此獄。直到陽間被害者各個投胎轉世，方得出獄，轉往第十殿分發六道。	《淨度三昧經》	阿閦如來
第十殿 五道轉輪王	專司各殿遞解的罪犯，分別善惡、判定等級，分發六道投胎轉世。	五道將軍與轉輪王結合的轉化	阿彌陀佛

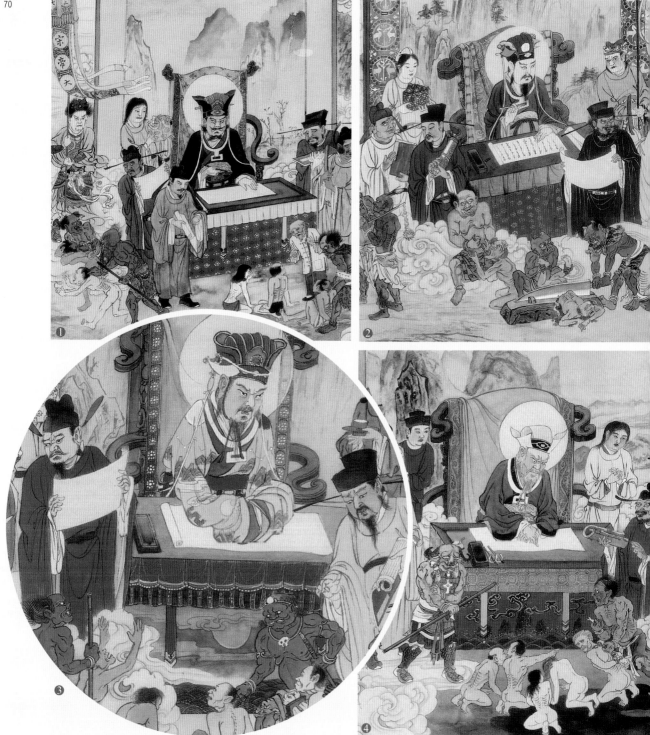

橡樹林出版●讀者服務卡

感謝您對橡樹林出版社之支持，請將您的建議提供給我們參考與改進；請別忘了給我們一些鼓勵，我們會更加努力，出版好書與你結緣。

Yes！■我希望收到橡樹林出版之相關書訊。 （□尚不需要書訊，謝謝！）

■您此次購書書名：

■您的電子郵件信箱 E -mail：

■性別：□1.男 □2.女　　■生日：西元　　　年　　　月　　　日

■教育程度：□1.碩士及以上□2.大學大專□3.高中職□4.國中及以下

■宗教信仰：□1.皈依佛教徒□2.受洗基督教/天主教徒□3.對佛教有好感但尚未皈依□4.對基督教/天主教有好感但尚未受洗□5.道教□6.尚無特定信仰□7.其他：

■職業：□1.學生□2.軍公教□3.服務□4.金融□5.製造□6.資訊□7.傳播□8.自由業□9.農漁牧□10.家管□11.退休□12.其他：

■您從何處得知本書消息？□1.書店□2.網路□3.書訊□4.報紙雜誌□5.廣播電視□6.道場□7.讀書會□8.他人推薦□9.圖書館□10.其他：

■您通常以何種方式購書？

　□1.書店□2.網路□3.書訊郵購□4.展覽會場□5.其他

■是否曾經買過橡樹林的出版品？□1.沒有

　□2.有，書名：

■您會選擇本書是因為：(可複選)

　□1.主題□2.作者□3.書名□4.他人介紹□5.他人贈送

　□6.其他：

■您希望我們未來加強出版哪一種主題的書？(可複選)

　□ 1.佛法生活應用□2.教理□3.實修法門介紹□4.大師開示

　□ 6.大師傳記□7.佛教圖解百科

　□8.其他：

■其他建議：

100

台北市信義路二段213號11樓

城邦文化事業股份有限公司

橡樹林出版事業部 收

姓名：

地址：

（郵遞區號）

路／街　　　段　　　巷　　　弄　　　號　　　樓／室

市／縣　　　鄉／鎮／市區

《因果圖鑑‧地獄變相圖》
此為夢蓮居士江逸子先生所繪，在民國93年11月於日本京都西山光明寺首展，深受歡迎，其後精製原作一千五百件，贈世界各大博物館及大學圖書館永藏，並製作《因果圖鑑》一書與眾結緣。此十殿閻王圖即《因果圖鑑》之作品

❶ 第三殿宋帝王
❷ 第四殿五官王
❸ 第五殿閻羅王
❹ 第六殿變成王
❺ 第七殿泰山王
❻ 第八殿都市王
❼ 第九殿平等王
❽ 第十殿五道轉輪王
（江逸子先生提供）

鬼王是來修理地獄眾生的嗎？

我等諸鬼王，其數無量，在閻浮提，或利益人，或損害人，各各不同。
然是業報，使我眷屬遊行世界，多惡少善。 ──《地藏菩薩本願經》卷中

《地藏菩薩本願經》描述，在閻浮提附近的大鐵圍山內，住著許多的鬼王
及他們的眷屬，也就是所謂的小鬼。看到好人就保護，見到壞人就修理。然
而許多鬼王紛紛在佛陀面前抱怨，因為人們行善的少、作惡的多，使得他們
一直被定位為「害人」的角色，即使想改變形象也苦無機會。

▌鬼王護人猶如菩薩

例如，主命鬼王便在忉利天宮上向佛陀說道：「我的職務是掌管人間所有
的生死。我本來的意願是要利益眾生，可是眾生卻不領情，使得生死都不得
安寧。為什麼呢？在生小孩時，不論生男生女都應修善利益全家，令土地諸
神大為歡喜，而保護子母得到大安樂，並利益所有家屬。因此，千萬不要殺
生害命，並將這些生鮮拿給產婦，更不要聚眾作樂、飲酒食肉。為什麼呢？
生產是母子的受難期，有無數的鬼靈等著要吃這些腥血，而我早早就命令土
地諸神呵護及利益母子。眾生得到安樂後就該為自己造福，並答謝土地諸神
的愛護，卻反而聚屬殺生，因而自造禍源，讓子母都受到傷害……。」

由此看來，住在地獄中的鬼王不是佛的死對頭，而是佛的信徒，因此他們
不以修理眾生為樂，反倒是來保護閻浮提眾生，也就是我們人類。所以除了
犯下五逆重罪的人之外，只要任何人生前作了任何像毛髮一般小的善事，鬼
王們就會如同諸佛菩薩一樣對人們加以保護。

▌鬼神之道信而不迷

儘管經上為得確證鑿鑿，人們怎知道鬼王就在身邊呢？淨空法師曾說：
「心地清淨到一定的程度，鬼神生活狀況你能夠體會到、你能夠見到，任學
佛人禪定當中常常看到，所以鬼神決定有。鬼神與我們的生活關係非常密切
……我們與大眾相處，你感覺得有氣氛，與大自然界相接觸也能夠感覺得到
它的氣氛，外國人叫磁場，我們中國人叫氣氛。」

而鑽研佛法多年的南懷瑾先生亦曾表示，鬼神之道，確有其事。其中包含
著可貴道德觀念的輪迴思想，寧可信其有，不可信其無。但要信而不迷，同
於孔老夫子的一句話「敬而遠之」。遠之不是要你不理不睬，而是保持一個
恭敬的距離。鬼神絕不害你，鬼神若害你，你要自己檢點，看看自己的思想

行為有無缺失，是否做了虧心事？世上的鬼神並不可怕，可怕的是人啊！人是活鬼，鬼是死人，這個道理得好好弄清楚。

鬼是心中無明的力量

若從萬法由心造的佛教觀點而言，其實鬼神就在我們心中。西雅圖東山講堂的創始人黃勝常便曾說：「我們的心能引起眾多的善根，也能引起眾多的惡根；善根發起一切善業，惡根發起一切惡業。但無論善惡都是由業力促動的結果。業力，就是無明的力量，無明的力量摸不到看不清，所以由鬼來體現。若我們心中善根的力量，召感來那些能對我們作出惠利的鬼；若我們心中惡根發起、滋長的話，召感來的就是那些能帶來殃禍的鬼。」

既然眾生見到什麼、信仰什麼，都是由心中業力召感而來，那麼命令鬼王採取損人或利人行動的「最高指揮官」，應該就是人們自己了。若真有那麼一天，你與眾鬼神狹路相逢時，當下應該知道是誰搞的鬼了！

鬼王知多少？

《地藏菩薩本願經》記載，鬼王管轄的範圍包括人類衣食住行育樂各方面的需要，具有各種降災降福的功能：

惡毒鬼王：為鬼王之首。人有三毒、十惡。此鬼王以毒攻毒，以惡攻惡，使眾生化惡為善。

多惡鬼王：外現忿怒之相，令人見之不敢起惡念。但其實內心慈悲無比。

大諍鬼王：大諍指一切的諍訟、鬥氣。此鬼王以大諍的法門，令人解怨釋結。

白虎鬼王、血虎鬼王、赤虎鬼王：這些鬼王都是人身虎頭，隨著他們生成的顏色而定名。

散殃鬼王：即散播禍殃災晦。如不孝父母、不敬天地者，鬼王將降禍殃至其家中，直到他們改過向善。

飛身鬼王：即飛行夜叉之帥。

電光鬼王：眼如閃電，察人善惡，給予吉凶。

狼牙鬼王：口露凶牙，如惡狼一般。

千眼鬼王：全身千眼，瘟疫神也。

噉獸鬼王：噉吃兇惡、害人的野獸，但人面獸心的兇惡暴徒亦不放過。

負石鬼王：令小鬼負石、擔沙，填河、塞海。

主耗鬼王、主禍鬼王：此二鬼王，使犯惡之人家中百物耗損，橫禍降臨。但若人們能改過遷善，仍使之發財得福。

主食鬼王：令行善者豐衣足食，令行惡者犯凍餓死。

主財鬼王：護人得財，但若富者不肯布施，主財鬼王將因妒恨，而降疾病、死亡、口舌等。

主畜鬼王：主六畜興旺。

主禽鬼王：管轄所有兩隻腳的鳥類。

主獸鬼王：管轄著不由人畜養的四腳動物。

主魅鬼王：主管山裡的精靈。

主產鬼王：專管所有生產的事宜。

主命鬼王：主管人間一切生死。

主疾鬼王：主管人類種種疾病。

主險鬼王：主管人類一生的安危。

三目鬼王：兩目中間，直嵌一目。

四目鬼王：額上橫開四目。

五目鬼王：上下之中醫嵌一目。

祁利失王、大祁利失王、祁利叉王、大祁利叉王、阿那吒王、大阿那吒王：諸經均無翻譯，依《演孝疏》所作的解釋為：

祁利失：本無福德之人，又想貪多財物，反倒失了更多財物。

祁利叉：交指叉手就能招財聚寶。

阿那吒：能輔天行，又或作扶持眾生上天之意。

怎樣做才可以不墮入地獄？

佛陀教人們諸惡莫作，其實是教人們要好好愛護自己。該如何愛護自己呢？基本方法便是「持戒」。

佛法教人深信因果，善業促使人們上生天堂，惡業牽引人們墮入地獄。想要遠離地獄就要避免造作惡業，而持戒是再好不過的護身符了。

五戒十善遠離地獄

佛教的基本戒就是五戒十善，受持五戒十善可得人天福報，當然也是遠離地獄的最佳護身符。五戒是指：不殺生、不偷盜、不邪淫、不妄語、不飲酒。十善則是在五戒的基礎上再擴大加深，是對身體、口語及意念三業加以約束，即離殺生、離偷盜、離邪淫、離妄語、離兩舌、離惡口、離綺語、離貪欲、離瞋恚、離邪見。

現代人常以為「飲酒」並非壞事，但聖嚴法師曾表示，酒的本身並沒有罪惡，飲酒的人也不一定是壞人，甚至世界上有很多宗教，以酒做為人和神之間的媒介。然而，禁酒乃佛教的特色之一，原因是飲酒能使人的心智渾濁，過量則能使人趨於狂亂如獸或愚癡如泥的狀態。佛教是個強調求智慧的宗教，酒性與智慧的原則背道而馳，所以主張禁酒。事實上，也唯有不飲酒的人，能夠經常保持頭腦的清明。

五戒十善為生活規範

相信大多數人都可稱得上是好人，然而遇到利益、紛爭、挫折或困難時，貪欲、憤怒、邪見等煩惱少不得在心中百轉千回，轉多了少不得要付諸行動，一旦付諸行動，身心的處境不正是一種地獄道的現世報？因此，在日常生活中受持五戒十善，正好提供身體、口語、意念行為的「做」與「不做」的理解，修身的同時，也使自己的身心有了規範及向善的發展方向。

然而人乘佛教創始人聖開法師也提醒人們：「五戒十善可以保持人道，行上品十善還可以升天。可是升天升到最高的非想非非想天，假使你過去因地還有不好的意念種子現形，立刻就會墮胎落地獄，所以升天也不究竟，要究竟的話，就不要做壞事，做過的善事也不要執著，才能夠解脫。」

墮入地獄後，有沒有機會離開？

一旦墮入地獄，除了死者兒女以至誠孝思及念佛功德外，不斷祈求地藏菩薩的幫忙，才有可能得到救贖。

最好生前不要作壞事，就沒有這層煩惱了。但對已經身陷地獄的人來說，這句話簡直刺耳得不得了！因為一旦墮入地獄，立刻處在求生不得、求死不能的痛苦中，這時最想做的事應該就是「逃獄」吧！

▌兒女的孝思是關鍵

然而「逃獄」不是又讓自己罪加一等嗎？難道除了乖乖服刑外，別無他法？當然還有一種方法可以出獄，就是「特赦」。「特赦」得有大力量，得由死者兒女的深切孝思來救拔不可。印順導師曾說：「至誠孝思及念佛功德，這兩種力量綜合的感應，使已經下地獄的罪人也可以得救。」《地藏本願經》亦記載，地藏菩薩在數個前世中，身為婆羅門女及光目女時，便以至誠的孝心及念佛心，以及布施一切供養佛陀，才使母親及與其母一同受苦的眾生得到救度。

或許有人會懷疑，一心念佛的功德如此之大嗎？地藏菩薩的相關經典均記載，人們只要一呼地藏菩薩名號，或見地藏菩薩形像就會得救。這「呼名」及「見形」是對地藏菩薩的一種祈求。

▌祈求自己本具的佛性

「佛是已覺悟的眾生，眾生是未覺悟的佛。」在這個世界上，和我們最親近、關係最密切的，就是我們的心。但是大部分的人都不認識自己的心，不知道自己本來的真面目就是佛，更不知道可以經由祈求讓佛性顯現出來。

索甲仁波切曾說：「祈求是一件很難的事。我發覺多數人不懂得祈求。有時是因為自大傲慢，有時是因為不想請求幫助，有時是因為我們懶惰，有時是因為心忙於懷疑、散亂和困惑，而連最簡單的祈求都無法辦到。」

《地藏經》上的婆羅門女及光目女便是「祈求力量」的最佳的例證。一旦喚起本具的佛性，對那些還沒有證悟的人自然會生起一股慈悲，也會盡一切幫助所有受苦之人出離地獄。

▌與地藏願力 合為一體

除了死後的地獄，人們在現實生活中也經常自造地獄。東山講堂黃勝常曾說：「我們以黑暗邪惡的地獄心，造作諸罪行惡業，就會出現地獄。反之，我們也有光明、善良、智慧、慈悲的地藏心，以此心造作善業，就會出現天堂。」因此，我們若以地藏心與地藏菩薩的願力相呼應，也就給予自己出離地獄、奔向光明的力量了。

菩薩慈悲，爲何用地獄來嚇我們？

在《地藏菩薩本願經》裡，佛陀觀察到五濁惡世的人們剛強難化，故以極惡辣語來替代妙法。無非是告訴人們，除了下地獄外，人生還有其他的選擇。

一位老師講課的方式若想讓學生聽得進去，就必須使用那個世代的語言。佛陀的教育亦是如此，除了希望人們聽得進去外，更希望進一步將佛法內化成爲生命的一部分。

▌地獄果報是一種愛語

而在佛陀四十九年的教學生涯中，曾教給菩薩們很多具體的修行方式，以幫助他們爲自己，也爲一切眾生獲得覺悟。其中有四個招募人心的基本方式：布施、愛語、利行、同事。其中，「愛語」不光是好聽的話，而是視眾生的根機施以適合的言語，教導眾生如何往生善道，最終脫離輪迴之苦。愛語也有可能是責備、喝斥或教訓。如同觀音菩薩在中國各地現的是慈悲相，到了西藏現的則是凶猛的夜叉相，目的無非是讓各類眾生覺悟成佛。

所以當你看到佛經中記載各種輪迴果報時，請深入體會諸佛菩薩宣說「愛語」的動機。因爲諸佛菩薩已親證一個時時保持滿足與快樂的方法，也希望廣大的眾生一起來參與這個實證的修行。但在分享的過程中，難免遇到一些剛強難化、極度不信邪的人，這時只好以粗惡、苦切、呵責之語加以棒喝，以種種苦不堪言的地獄、餓鬼、畜生果報加以恫嚇。目的並非嚇唬人們，而是要人們心生怖畏，對自己的起心動念有所警惕，進而產生行爲上的改變。

▌另一種行爲改變學說

畢竟，佛教所說的因果定律並非不能改變。而諸佛菩薩宣說地獄果報，正是立基於「行爲改變」。他們相信，眾生一旦了解因果關係，將進而對生命產生全新的思惟：亦即淪落地獄、畜生、餓鬼外，其實生命還有更多的選擇，可以選擇再世爲人，也可以上天享福，還有一種更究竟的選擇——就是突破自己的性靈結構，發掘內心原本的佛性，進而成爲一個自覺覺他的「佛陀」。因此，「知怖畏」無疑是解脫最原始的動力了。

左頁圖：
六道輪迴圖
四川大足石刻寶頂山大佛灣 第3號龕 中國四川 南宋(1127-1279)
這是中國石窟藝術中僅有的一處呈現六道輪迴圖的石刻作品，圖中表述一切眾生皆處於因果輪迴之中，做善事者隨「善業」而上升，做惡事則隨「惡業」下沉，如此輪迴反覆不斷。(何聖芬提供)

住在天界的天人也可能墮入地獄嗎？

未來、現在諸世界中，有天人，受天福盡，有五衰相現，或有墮惡道之者…… ——《地藏菩薩本願經》下卷

佛教稱天堂爲天界，是六道中最爲崇高及幸福的地方。人人嚮往死後生天享福，但它到底好在哪裡呢？

觀音與地藏菩薩像
四川大足石刻北山佛灣 第253號龕 晚唐(9世紀末)
四川大足石窟中關於晚唐的造像，將地藏菩薩視為阿彌陀佛的脅侍，並與觀音菩薩合龕居多。(何聖芬提供)

■ 神通自在心想事成

天界有三種殊勝是人間無法比的：即是壽命長得不可思議、身形高得不可思議、福報享受也是快樂得不可思議。

天人們具有神通變化，飛行來去自如；他們的身體也沒有皮膚筋脈血肉，或污穢的大小便利，或疲倦怠惰；天人們也沒有憂愁苦惱、怨憎憤恨，起心動念之間，山珍海味、綾羅綢緞自然出現在面前，不必如人間的眾生那般奔波鑽營，更不必擔心饑寒交迫、天災人禍；較爲資深的天人更已從欲望解脫出來，安住在甚深的禪定之中。

■ 天人死亡現五衰相

天人雖有種種不可思議，唯獨「死亡」不會對他們特別留情。天人將死的前一個星期會出現「五衰相」：頭上戴的花冠突然枯萎凋謝、身上的華服突然變得污穢破舊、芳香的身體突然臭味四溢、兩腋之下汗流如雨並發出惡臭、心煩氣躁並且無法安住於自己的本座。此外，天人的福報用盡的那一刻，還會產生火燒初

禪、水淹二禪、風打三禪的三種苦難，猶如世界末日來臨一般。

當五衰相及三種苦難一出現時，天人便知道自己的壽命將要結束，並發現到自己耽溺享樂而不思修行，結果將往下五道沉淪時，更加深悲痛與懊悔。

▌人間求道猶勝天堂

雖然天界的生活看起來比人間好，但人身卻有三件事勝過天界，就是勇猛心、覺知心及修道成佛之心。人間雖然有許多的痛苦，但這些痛苦反倒能激勵人們追求心靈的轉化。正如索甲仁波切所說：「每一種痛苦、悲傷、失落和無盡的挫折，都有它真正的目的，就是要喚醒我們，迫使我們衝出輪迴的苦海，釋放出我們被拘禁的光芒。」

❀ 佛教的天界結構

佛教的天界共有三界二十八天，包括欲界六天、色界十八天、無色界四天。天人們因福德累積及修行程度的深淺不同，分別住在不同層次的天界中。其結構如下：

界 名		天 名	天福的類型
欲界六天		四天王天、忉利天、夜摩天 兜率天、化樂天、 他化自在天	婆羅門教信仰的神祇及善業累積較多者均輪迴到欲界中。此界中，包括天神在內的天人們和人間一樣，有身體形相，並有物質及精神生活的需求，還耽溺在飲食男女的欲望之中。
色界十八天	初禪三天	梵眾天、梵輔天、大梵天	「色」在佛經之意為，可見到及觸摸得到的有形物質。色界的天人雖然沒有男女、飲食、睡眠等欲望，但是還有殊勝的形色、精神上的愛情、國家的形態、社會的組織等現象。此天以「禪悅法喜」為美食。
	二禪三天	少光天、無量光天、光音天	
	三禪三天	少淨天、無量淨天、遍淨天	
	四禪九天	福生天、福愛天、廣果天 無想天、無煩天、無熱天 善見天、善現天、色究竟天	
無色界四天		空無邊處天、識無邊處天 無所有處天、 非想非非想處天	無色界，即無任何有形物質。這裡的天人沒有身體、外表的形象，只以「心識」(或說腦波活動)住於甚深妙「禪定」中。

人死之後，該念什麼經？

若未來現在諸世界中，六道眾生，臨命終時，得聞地藏菩薩名，一聲歷耳根者，至心皈依，是諸眾生，永不歷三惡道苦。──《地藏菩薩本願經》卷下

　　人們生前為善修福，根本不用地藏菩薩出面就可以往生善道了。但短短數十年的生命，誰敢說自己未做過錯事呢？

▌念經為死人消災

　　而今生的所作所為正是決定來生的去向。因此一旦有人過世，親人眷屬通常為會死者念誦《地藏菩薩本願經》，無非希望死者往生的路走得好一點，來世的命活得好一些！說得白一點，就是活人為死人消災，但為何要千呼萬喚地找地藏菩薩幫忙呢？

　　《地藏菩薩本願經》記載，佛陀親口告訴觀世音，於現在及未來世界中，若有六道眾生在臨死前，能聽聞到地藏菩薩的聖號，只要其中一聲名號歷耳根者，並至心皈依，亡者就永遠不會墮入三惡道受苦。若親人眷屬將亡者的財產布施、變賣，以塑造或繪畫地藏菩薩聖像、印行流通地藏經，將得到不可思議的功德。

　　如何不可思議呢？亡者將因此得到地藏菩薩加持力的保佑，不僅消除生前所做的任何罪業，甚至可轉世投胎成為天人一百回，享受無窮無盡的福德妙事。但請再細讀經文一次，不要忽略了經上所寫的「歷耳根者」及「至心皈依」。看起來很簡單，做起來卻是千辛萬苦。這需要多大的全神貫注呢！

　　淨空法師曾說：「臨終之人清醒的狀態少，不多見，十之八九都是人事不醒，糊里糊塗。」因此要人們臨終時保持清醒，「全神貫注」將地藏菩薩聖號聽進耳根，再聽進心裡，再至心皈依，不是不可能，應該說不容易吧！

▌靠人不如靠己

　　所以《地藏經》上明白寫著：「在生不修善因，命終之後，眷屬小大，為造福利一切聖事，七分之中，而乃獲一，六分功德，生者自利。」由此可知，死後所做的佛事功德有點像在亡羊補牢，作用少之又少，而且我們也無法確定，到底死的時候是清醒的，還是迷糊。為此，地藏菩薩也勸告世人：「未來現在善男女等，聞見自修，分分己獲。」

爲什麼要「作七」？

民間流行在人死後七七四十九天內，爲亡者進行超度或薦亡的佛事，俗稱「作七」。爲什麼一定是四十九天？

以佛教的觀點而言，包括人在內的一切飛禽走獸，於生命結束到投胎之前均有一段過渡期，這個時期的生命活動現象稱爲中陰身。中陰身每七天死一次，第一個七天之後無緣轉世又來個七日，如此七七循環可長達四十九日，再由漸漸成熟的業力牽引投胎至另一種生命形式。

不一定每個人都有中陰身，重大惡業的人死後直接下地獄，極善之人則立即生天堂，修淨業者往生佛國淨土。對一般人而言，處於過渡階段的中陰身是獲得解脫的絕佳時機。因此在世之人藉著做佛事(誦經、布施)的功德回向給死者，以減輕中陰身的惡業。

▍命終一刻佛號不斷，提供亡者聽法的機會

問題是，有的中陰身在第一個七日，或第二個七日就轉世投胎了。所以，從過世的那一刻起至七七四十九天內，對一個渴望救度的中陰身而言，是多麼關鍵且緊張的時刻。此時，在世之人最好從死者過世的那一刻起就佛號不斷，一般稱爲「助念」。至於念那部經、那一位佛菩薩的聖號呢？最好以亡者生前修持的法門爲主。

若亡者沒有特定的修持法門或宗教信仰，可依《地藏經》的記載行事：「……臨命終時，父母眷屬，宜爲設福，以資前路。或懸旛蓋、及然油燈；或轉讀尊經，或供養佛像，及諸聖像；乃至念佛菩薩，及辟支佛名字。一名一號、歷臨終人耳根，或聞在本識……身死之後，七七日內，廣造眾善，能使是諸眾生，永離惡趣。」

在世的親人眷屬若因人力財力無法負擔如此龐大的佛事，亦可在頭七或每逢七期的那一天進行；若實在負擔不起任何正式的佛事，亦可憑誠心孝思自行誦經或念佛。例如，《地藏菩薩本願經》中婆羅門女未請法師誦經、拜懺，而是自己念佛，以一日一夜的時間念到一心不亂，並以此功德回向，她的母親就出離地獄，上生忉利天了。

聖嚴法師在《學佛群疑》一書中也提到：「佛事不是儀式，而是召請亡者臨壇聽法，化解煩惱的業力，而得超生離苦。」因此只要亡者親友的虔誠、恭敬足以感應諸佛菩薩，便是促成亡者超生離苦、往生佛國的助緣了。

爲何《本願經》不提百日、周年忌及三年忌？

佛經中，以七七四十九天做爲的中陰身的活動周期，至於民間重視的百日、周年忌(對年)及三年忌(合爐)，則是根據儒家三年喪期而來。

唐代以後，因藏川撰述的《地藏十王經》在當時社會造成的重大影響，使得佛教及儒家這兩種對待亡靈的特殊日子，逐漸結合爲喪葬禮儀的一套系統。藏川將頭七、二七、三七、四七、五七、六七、七七、百日、周年忌、三年忌這十個特殊日子與地獄的十殿閻王相配，認爲亡魂將在這十個日子裡逐一經過十殿閻王的審判。亡人家屬必須祈請十王作齋修福，寫經造像，方可拔除亡魂生前所造罪業。從此，這十個喪期便成爲超度亡魂的重要時刻了。

十王與十王供的對應：
頭七過秦廣王
二七過初江王
三七過宋帝王
四七過五官王
五七過閻羅王
六七過變成王
七七過泰山王
百日過都市王
周年忌過平等王
三年忌過五道轉輪王

臨終時見到往生的親友來接引，千萬別跟著走。為什麼？

閻浮提行善之人，臨命終時，亦有百千惡道鬼神，或變作父母，乃至諸眷屬，引接亡人，令落惡道。何況本造惡者。 ——《地藏菩薩本願經》卷中

一般人總以為，死亡是別人家的事，不會輪到我。但佛陀卻說：「凡是能出生來的東西必定會死亡。」所以死亡是不分男女老少伺機而動的，發生時亦不離以下四種情形：壽盡而死、福盡而死、意外而死及自如而死。

▍見到自己的不安與恐懼

除修行圓滿者可生死自如外，一般人歷經死亡時均無法控制，也常是處於焦慮不安的狀態，一旦臨終時看到自己的親人或眷屬來接引，頓時覺得有所依靠，二話不說便跟著走了。但千萬別跟著走，為什麼呢？因為《地藏菩薩本願經》明白寫著，親人或眷屬是惡道鬼神所化現，跟著走就會被帶往三惡道。

依佛法「自心本自具足萬法」的觀點，親人眷屬是惡道鬼神的化身，亦可說這些惡道鬼神是死者內心不安恐懼的化身。多數人忙碌一生，在死亡的那一刻才與自己的心有了第一次照面，不得不誠實面對自己，不安地揣測這一生造了什麼業，更恐懼地猜想未來將往何處去。索甲仁波切在《生死無懼》一書中指出，或許我們害怕死亡的最根本原因，在於我們不知道自己是誰。

▍讓心中留下強烈的正念

佛教一直認為，死亡那一刻心識的狀態是個重大的關鍵。彌留之際，若於心中留下非常強烈的正念，這股力量將持續在下一世形成正面良善的經驗。因此，為了活得更好就得死得好。

所以瀕臨死亡之際，平靜沉著的心境是必要的。謹記平日信仰的宗教，例如佛教徒誦念諸佛菩薩名號，是降低心理緊張或憂慮的方法，但直接影響到死亡經驗的卻是正念的修持。無論顯宗或密宗均強調，培養正念不是一蹴可幾，而禪定與觀想是每日必須的修持，並可從觀呼吸開始修持的第一步。

▍面對恐懼準備死亡

達賴喇嘛於一九九九年在印度德里開示時指出，從年輕開始，你便應該熟悉死亡，以及經歷心識消散瓦解的不同階段與過程。如果可能的話，應盡量透過每日的禪定與觀想，讓自己熟悉死亡的過程。不要害怕死亡，你反而應

該了解死亡，而多年的準備是必要的。

「發現自己對死亡的恐懼，並深入觀察到這份恐懼時，將會看見自性的眞相，此時不但能擺脫對死亡的恐懼，還會從渴欲和嫉妒之中解脫。……爲了面對恐懼，我們必須藉由觀照來穩定自己的心……呼吸是培養定力的工具……藉著對呼吸的觀察開始修習定力，等到將來修習觀照法門時，我們才有能力集中心念……觀照到恐懼……能面帶微笑地看著它，你的恐懼就會失去一些力道。」一行禪師在《你可以不怕死》點出了以死亡爲主題的禪觀方式。

▌記得撥空向死亡問好

索甲仁波切曾在《生死無懼》中寫著，如果我們想要好好活著，且繼續活下去，爲何要盲目地堅持死亡就是結束呢？爲何不至少嘗試著探索或許眞有來世？

所以，在忙碌地處理周遭的瑣事、不停地計畫現世的未來時，亦記得撥空向死亡問聲好。一旦我們與死亡建立好關係，它便如同能量具足的老師，藉由每一個逼近的腳步，讓我們了解自己一次次在生死輪迴中流轉的位置，也了解到「未來」有無限寬廣的可能性。

❁生命就在呼吸間──有助於深觀和治療恐懼的修持

一行禪師指出，在修持的時候你的心中可能有許多奔馳的妄念。你只需要注意自己的呼吸，就能把心拉回來。不需要把呼吸變得深或長，只要覺察它就夠了；不需要改變任何事物，只要讓呼吸保持原狀就對了。讓心隨時覺察自己的呼吸，如此修持下去，呼吸就會愈來愈和緩……如果你覺得心已經夠穩定了，便可採用下列的語句來幫助自己專注。一開始你可以對自己說出完整的句子，接下來只需要記住其中的幾個關鍵字就夠了。
吸氣，我覺察到我吸入的氣息。(吸)
吐氣，我覺察到我吐出的氣息。(吐)

吸氣，我覺察到我正在老化。(老)
吐氣，我知道我無法逃避老化。(不逃避)
吸氣，我覺察到疾病是我生命的本質之一。(病)
吐氣，我知道我無法逃避病苦。(不逃避)
吸氣，我知道我總有一天會死。(死)
吐氣，我知道我無法逃避死亡。(不逃避)
吸氣，我知道有一天我必須捨棄我所執著的事物。(捨棄執著)
吐氣，我知道我不能不捨棄我所執著的事物。(不逃避)

吸氣，我知道我的身口意業才是我唯一的財產。(業才是唯一的財產)
吐氣，我知道我無法逃避我的業果。(不逃避業果)
吸氣，我決定要活在深刻的正念裡。(活在正念裡)
吐氣，我認清了活在當下的喜悅及益處。(喜悅及益處)
吸氣，我發誓要讓我的愛人每天都感到喜悅。(給出喜悅)
吐氣，我發誓要減輕我愛人的痛苦。(減輕痛苦)
……以這種方式來善用呼吸，就能逐漸治癒自己。

既然不能撫屍痛哭，
要如何讓死者走得安心？

印光大師曾說：「平日不念佛人，臨終善友開示，大家助念，亦可往生。常念佛人，臨終若被無知眷屬，預爲揩身換衣，及問諸事與哭泣等，由此因緣，破壞正念，遂難往生。」

「撫屍痛哭」將加深死者的痛苦！人死之後還會有感覺？醫學的觀點以爲，凡心跳、呼吸停止或腦死即宣告死亡。但在佛法而言，肉體雖然死亡，但神識尚未脫離肉體，即使死者早已失去一切表情，他們仍然可以聽見及感受到周遭狀況，並且能直接感應到家人及朋友的愛與關懷。所以佛教主張，必須等到全身冷卻，神識完全出離後，才算眞正的死亡。

▌如何讓死者走得安心？

神識的死亡在佛教而言，是另一段生命的開始。達賴喇嘛以爲，雖然轉世的地方和轉世的方式，通常依業力而定，不過死亡那一刻的心境，會影響我們下一世的品質好壞。因此在世的親人好友應該盡量讓死者祥和、放心地往生，這涉及的臨終處理可分爲「事務」及「心態」兩種層次：

▌臨終處理的事務層次

1. 令死者放下執著：包括勿撫屍痛哭、勿提起死者在意的人或事等。因爲人在臨終之際，身體雖已死亡，神識尚在周圍徘徊。一旦圍繞在死者身邊的親友哽咽啜泣，或撫屍痛哭，或提起死者放不下的人或事，將使死者內心產生強烈的情執，拚命想抓取已經不屬於他的世界。達賴喇嘛曾指出，親友們若能衷心和死者道別，是給死者最大的祝福。如果死者有了堅固執著，想要繼續留在再也不可能留下來的地方，這就會讓他下一輩子投胎成爲餓鬼。

2. 甫斷氣時，勿送入冰庫或施打防腐劑：因爲死者的神識尚未完全脫離，仍可感受冰庫的寒凍，個中苦楚不言而喻。一旦死者心生怨懟，將隨著瞋念下墮三惡道。另外，此時也勿施打防腐劑，因屍骨不化將使亡者淪爲守屍魂。佛教對屍體的處理方式通常是停置客廳或不礙出入的地方，並立即爲其助念。

3. 勿急忙更衣：死者才嚥下最後一口氣時，識神還未離開身體，或者說還很執著這個身體，只要稍稍移動身體就會令死者痛苦莫名，一痛就容易起瞋恨心，瞋恨心一起，神識就隨著瞋心而墮入惡道了。一般以爲，八小時之內

不可搬動及換衣物,而最好的作法,是在未斷氣前就為亡者換好衣服,使其有充裕時間讓心情平靜下來。

4. 切忌搬動死者:佛經所載,阿耆達王福德深厚,本來應該往生天界,沒想到臨終時,因為一旁的侍者揮動扇子不小心碰到他的臉,一氣之下竟然投生為蟒蛇,幸好有高僧說戒救度,才得以生天享福。所以家屬親友勿做一切增加死者痛苦的動作。

▌臨終處理的心態層次

1. 心懷慈悲:慈悲心將使你更容易察覺臨終者的需要,更願意付出臨終者需要的愛。

2. 將慈悲付諸行動:索甲仁波切曾說:「如果你能將慈悲付諸行動,就能創造一種氣氛,激發他人的精神層面,或甚至開始修行。……這時你將發現慈悲的力量沒有邊界。」因此對臨終者付出慈悲的行動,亦將激發臨終者修行慈悲,此時臨終者的身心將得到不可思議的力量。

3. 除了臨終者外,亦應協助家屬化解悲傷、哀痛的心情。

▌佛教的殯葬儀禮

喪禮的意義和目的:哀悼亡者,安慰生者

佛教喪禮的意義和目的:

* 對亡者的終極關切

* 喚醒中陰身認知生死的本來面目

* 協助亡者轉生善道或往生淨土

往生助念的目的:

* 引導亡者放下萬緣,迎接未來。

* 協助亡者提起正念,一心念佛。

* 協助亡者家屬與親友,轉移及抒發哀傷情緒。

誦經與念佛的意義及功能:

至誠懇切地,持誦經文與念佛,誦經聲與念佛的音韻,可以跨越亡者的分別智,直入亡者的潛意識。

喪禮的內容與程序

一、助念

時間：八小時

人員：應分成數班，每班兩人以上，輪班助念(最好招呼往生者同念)。

法器：木魚、引磬(僅木魚亦可)，法器聲要平和，忌諱尖銳或大聲。

注意事項：

1.助念聲音須高低適宜、快慢適中。

2.稱念亡者常念之佛號，若無則以四字佛號為宜，使亡者容易跟隨稱念，並勸導亡者，我們為你求佛念佛加持，請你放下一切，跟我們一起念佛。

3.眷屬千萬不可對亡者說情愛話、或臨床揮淚，擾亂亡者正念。

程序：

1.助念八小時，念佛號就可以(南無阿彌陀佛或南無觀世音菩薩)。

2.唱香讚(蓮池海會讚)。

3.佛說阿彌陀經。

4.讚佛偈(阿彌陀佛身金色)。

5.念佛(南無阿彌陀佛或南無觀世音菩薩)。

6.三皈依就是1.皈依佛，2.皈依法，3.皈依僧，最後回向。

二、入殮

程序：

1. 蓮池讚(時間短可省略)。

2. 佛說阿彌陀經(時間短可改心經)。

3. 讚佛偈(阿彌陀佛身金色)。

4. 念佛(直至亡者入棺內，棺蓋封好，才收佛號)。

5. 回向。

注意事項：

1. 亡者的壽衣不一定要新的，只要亡者生前喜歡的即可。

2. 入殮後要安放死者靈位並拜飯及鮮花水果，可天天換或數天換一次(水果要四樣，不可有連結的水果那是不吉)。

三、七七佛事

人死之日為第一天，往後算七天為頭七(頭旬)，後每七天為一旬，至七旬(七七)共四十九天。今有縮短為二十四天者，頭七及七七皆為七天，二七至六七之間皆間隔兩天，共二十四天。

佛事內容：

1. 一天佛事：地藏經、金剛寶藏、三昧水懺、藥師寶懺(人數3至5人)

2. 半天佛事：八十八佛洪門寶懺、金剛經(人數3至5人)

3. 其他佛事：梁皇寶懺、三時繫念、瑜伽燄口(含和尚六眾或以上)

四、告別式

時間：於家祭後、公祭前，法師誦經。

人數：不定。

程序：

1. 蓮池讚。

2. 西方接引阿彌陀佛三稱。

3. 心經、往生咒、變食真言。

4. 讚佛偈、念佛(念佛時繞靈柩三匝，歸位時收佛號)

5. 大乘常住三寶。

6. 主法者開示法語。

7. 回向。

五、起靈

時間：公祭完後，等靈柩綁好。

程序：

1. 舉佛號(阿彌陀佛)

2. 法師引導靈柩至靈車，等靈柩上車後收佛號。

3. 法師上車(法師座車排在靈車之前)

4. 至火葬場或土葬場。

六、火化程序

1. 清涼地菩薩摩訶薩三唱。

2. 西方接引阿彌陀佛三稱。

3. 心經、往生咒、變食真言。

4. 讚佛偈、念佛(念至靈柩送進火化爐後收佛號)

5. 主法舉火化文。

6. 家屬啓動火化開關。

7. 回向。

＊ 約兩小時後收骨灰。

七、土葬程序

1. 靈柩放入墓穴中。

2. 撒五穀口訣(由地理師做)。

3. 祭拜后土素文。

4. 點主，用朱砂筆點墓碑，要新毛筆，宜開光過(由地理師做)。

誦經程序：

1. 清涼地菩薩摩訶薩三唱。

2. 西方接引阿彌陀佛三稱。

3. 心經、往生咒、變食真言。

4. 讚佛偈、念佛(繞墓穴三匝，歸位時收佛號)

5. 回向。

八、安位程序

1.火化或土葬之後，回到家中安奉靈位(告別式後，送去火化或土葬時，可留部分家人將家恢復原狀)。

2. 回來後，孝眷先換下孝服。

3. 牌位安放於祖先牌位之左邊(面向祖先牌位的方向)並另設香爐一個。

4. 準備：花果、供菜、淨水。

5. 誦經程序：

（1）清涼地菩薩摩訶薩三唱。

（2）位王菩薩摩訶薩三稱。

（3）大悲咒、往生咒、變食真言(大悲咒時，孝男帶和尚至家中各處灑淨，或於誦經結束後再灑淨亦可)。

（4）三皈依、回向。灑淨未用完之淨水，可用大水桶將其沖淡，分送家人或鄰居，用於洗淨(家屬住家較遠者，可分送六字大明咒，回家火化於水中使用)。

九、對年

時間：祭日前一天。

佛事：誦超荐之經典即可

十、合爐

時間：往生者死後三年，現有於對年後十天或對年後選一節日(如清明節)舉行。

程序：

1.把亡者名字寫入祖先牌位裡面。

2. 把亡者所用香爐中的香灰抓一把，放入祖先用的香爐中。

3. 把亡者的牌位焚化掉，香爐拿去丟掉。

4. 準備：香、花果、供菜、紅龜、發粿。

5. 誦經：

（1）香讚

（2）金剛經

（3）往生咒、變食真言。

（4）三皈依、回向。

講述地藏菩薩的重要經典有哪些？

> 由於地藏信仰的民俗特色，不論「地藏三經」，或歷代的注疏、儀軌與懺儀，甚至相關的地獄、十王經典都是討論地藏信仰不可或缺的環結。

地藏信仰的主要經典有三部，即所謂的「地藏三經」：《大乘大集地藏十輪經》(簡稱《十輪經》)、《占察善惡業報經》和《地藏菩薩本願經》。《十輪經》有兩個譯本，一為隋失譯的《大方廣十輪經》、一為唐玄奘譯的《大乘大集地藏十輪經》；與「地藏三經」密切相關的則是歷代對「地藏三經」的注疏、儀軌與懺儀等；由於地藏信仰中強烈的民俗色彩，相關的地獄、十王經典亦是研究地藏信仰不可或缺的環結；此外，民間盛傳由唐不空譯的《佛說延命地藏經》，雖未收錄於歷代藏經中，卻在坊間流傳甚廣。

由於歷代相關的經論為數眾多，僅就藏經中收錄的經典及論著表列如下：

經　　名	譯者/撰者	出　　處
大方廣十輪經	隋失譯	大正新修大藏經第十三冊No.410
占察善惡業報經	隋菩提燈譯	大正新脩大藏經第十七冊 No. 839
大乘大集地藏十輪經	唐玄奘譯	大正新脩大藏經第十三冊No.411
地藏菩薩本願經	唐實叉難陀譯	大正新脩大藏經第十三冊 No. 412
百千頌大集經地藏菩薩請問法身贊	唐不空譯	大正新脩大藏經第十三冊No. 413
師子莊嚴王菩薩請問經	唐那提譯	大正新脩大藏經第十四冊 No. 486
地藏菩薩儀軌	唐輸婆迦羅譯	大正新脩大藏經第二十冊 No. 1158
聖告大道心驅策法	唐輸婆迦羅譯	大正新修大藏經第二十冊No. 1159A
佛說地藏菩薩陀羅尼經	唐輸婆迦羅譯	大正新修大藏經第二十冊No. 1159B
地藏菩薩十齋日	敦煌寫本	大正新脩大藏經第八十五冊 No. 2850
佛說地藏菩薩經	敦煌寫本	大正新脩大藏經 第八十五冊 No. 2909
金色地藏曼荼羅圖	圖像	大正藏圖像第六卷
六地藏圖	圖像	大正藏圖像第六卷
《地藏曼陀羅》種子圖	圖像	大正藏圖像第六卷
預修十王生七經	圖像	大正藏圖像第七卷
占察善惡業報經玄義	明智旭撰	卍續藏經第三十五冊No. 337
占察善惡業報經義疏	明智旭撰	卍續藏經第三十五冊No. 338
地藏本願經科	清岳玄排	卍續藏經第三十五冊No. 346
地藏本願經論貫	清靈耀撰	卍續藏經第三十五冊No. 347
地藏本願經科注	清靈耀撰	卍續藏經第三十五冊No. 348
占察善惡業報經行法	明智旭集	卍續藏經第一二九冊No. 1463
贊禮地藏菩薩懺願儀	明智旭撰	卍續藏經第一二九冊No. 1464
慈悲地藏菩薩懺法	失名	卍續藏經第一二九冊No. 1465
佛說地藏菩薩發心十王因緣經	唐藏川撰	此三部經典雖未收錄在《大藏經》中，卻影響民間的地藏信仰甚鉅。
佛說地藏菩薩預修生七經	唐藏川撰	
佛說延命地藏經	唐不空譯	

《地藏菩薩本願經》是佛教中的「孝經」？

《地藏菩薩本願經》誠可謂險道之導師、昏衢之慧炬；貧乏之寶藏、凶歲之稻粱。……一切孝順兒女，有所師承。──印光大師

南懷瑾曾經說過：「佛教之所以能在中國傳布，迅速而普遍地爲中國民間社會所接受，正是因爲它是一門重視孝道的宗教。」

▋ 兩種因緣一種孝心

既然佛教是一門重視孝道的宗教，自然有許多宣揚孝道的經典，人們通稱爲「孝經」，例如《佛說恩重難報經》、《佛說盂蘭盆經》。《地藏菩薩本願經》亦是人們耳熟能詳的「孝經」之一。印光大師曾著書說到此經，使「一切孝順兒女，有所師承」；明智旭大師更明確提及，此經我佛中之孝經。

而這本經典成爲孝經的因緣，來自經中兩位人物的大孝精神，一位是佛陀，另一位想當然耳，就是地藏菩薩了。佛陀一生說法四十九年，度化的眾生無數，包括親生父親及養育他的姨母，年屆八十將要涅槃之際，終於上升忉利天宮爲母說法，以報答生育之恩。這是《地藏菩薩本願經》成爲「孝經」的因緣之一；在忉利天宮三個月，佛陀爲母親宣講的正是《地藏菩薩本願經》。何謂地藏本願？即是經中婆羅門女及光目女把救度親人的私心，擴大到救度一切苦難眾生的慈悲心(見檔案8及檔案9)。這分「本願」是本經成爲「孝經」的因緣之二。

▋ 孝爲利他行爲之本

地藏本願深深撼動人心的原因，與中國人祭祀祖先的信仰不無關係。因爲在《地藏菩薩本願經》中，地藏菩薩爲亡者提供了強而有力的保護，亦使後代子孫在心靈上得到慰藉。

然而原本只想救母親出離地獄的地藏菩薩，後來爲何「一發不可收拾地」救起了一切眾生？就佛教因果輪迴的觀念而言，人們自無量劫來即在六道中輪迴不已，任何一道的眾生都有可能是過去生或未來世的父母。《梵綱經》便記載：「一切男子是我父，一切女人是我母，我生生無不從之受生，故六道眾生皆是我父母。」由此不難體會佛教所說的「孝」，不僅是家庭倫理的基礎，更是利他行爲的基礎了。地藏菩薩「一發不可收拾」的大孝精神也不脫離這個範疇。

檔案 34

地藏三經都是傳自印度的「原版」嗎？

地藏三經中，僅《十輪經》是眾所公認的印度原版品，其他兩部均被學者專家疑爲漢人撰述的僞經。無論僞經的爭論如何，經由這三部經典的傳播，地藏信仰確實深深滲透到民間習俗及人們心中了。

佛法有三藏十二部，並非全是佛陀所說的，例如大部分的論藏，是經過歷代高僧將佛法哲學化、系統化而整理出來的；經藏中也有些是菩薩說或弟子們的說法。在三藏十二部中更有所謂「僞經」的爭議。僞經是指在漢地撰述，依托佛說，而非從印度傳入的「原版」。

▌僞經爭論無休止

在浩瀚的佛教經典中，有關地藏菩薩的經典數量雖不算多，對民間習俗的影響卻極爲深遠。然而宗教界與學術界對「地藏三經」的僞經問題，卻一直無法取得共識。其中，僅有《地藏十輪經》是眾所公認爲來自印度的原版經典，其他兩部：《地藏菩薩本願經》及《占察善惡業報經》則被疑爲漢人在本土撰述的僞經。

《地藏菩薩本願經》署名爲唐于闐國沙門實叉難陀所譯，但唐、宋、元以及高麗等諸藏中皆未收錄，僅見於更晚期的明藏中，至於何人所撰已無從考查了。日本學者松本文三郎認爲，此經是仿照《阿彌陀佛本願經》，以地藏十輪經爲骨架，增補而成的僞經。

▌地藏信仰具中國特色

亦被疑爲「僞經」的《占察善惡業報經》，又稱爲《大乘實義經》與《漸剎經》。經前有隋菩提燈譯的署名。大陸學者張總在「地藏經典瑣談」一文中指出，在當時著名僧人中，唯一與《漸剎經》有關的就是新羅僧人圓光。因此，《占察經》有可能就是圓光撰寫的。

以影響中國佛教史甚鉅、又同樣被疑是僞經的《首楞嚴經》與《大乘起信論》爲例，張總認爲，僞經確是佛教史上較複雜的情況。但即使斷定爲僞經，也不能說明其不重要。地藏經典中僞經較多的情況，是地藏信仰一個重要的特色，至少可以說明，地藏信仰有較強的中土特色。

地藏信仰是怎樣傳入中國的？

以一千多年前的交通要道而言，地藏菩薩要千里迢迢從印度來到中國，較方便的路程便是唐玄奘曾經走過的中亞絲路。

自古以來，地藏菩薩就受到中國人熱切的崇拜。約譯於魏晉南北朝的《大方等大集經》中的〈須彌藏分〉，便提到地藏菩薩說陀羅尼咒。另外，譯於隋朝的《大方廣十輪經》也提及地藏菩薩現沙門相及濟渡末法惡世眾生的功德。算算日子，地藏菩薩從印度來到中國已經一千多年了。

將地藏收納進大集經系列

剛到陌生國度不久，地藏菩薩不過是眾多佛經裡的文字，即使《大方廣十輪經》被當時的三階教視為末法思想的重要經典，卻因三階教引人側目的作風，並未產生重大影響。直到唐高宗永徽二年，玄奘重譯《大方廣十輪經》，「地藏」一詞才從文字活入人們的心中，地藏信仰自此廣泛地在社會各階層流行起來。

中國南北朝至隋唐時期，末法思想在當時的佛教界甚為流行，《大集經》是宣揚末法思想的重要經典之一，全文有十萬偈，卻在從絲路傳入中國的長途旅程中有所散失，未完整地被翻譯出來。玄奘重譯《大方廣十輪經》後，經過再三考證確定，這部經典確實與《大集經》中的《月藏經》、《須彌藏經》、《虛空藏經》三部經典為同一系列，是佛陀在佉羅帝耶山演說的法音。遂將這部經典改名為《大乘大集地藏十輪經》，並收錄在《大集經》系列的第十三品中。

新譯本的出現，不僅確認了《十輪經》與《大集經》的關係，亦在經名中凸顯了「地藏」的名號。地藏信仰自此沸沸揚揚地在民間社會熱絡了起來，不僅知識精英熱切推崇，平民百姓也將這股崇拜表現在造像、壁畫、修寺、開窟、建塔、寫經等佛教活動上，例如，當時的畫家武靜藏，便在洛陽敬愛寺的東禪院內畫了「十輪經變相圖」，是古代說書的故事。日本學者賴富本宏的研究亦指出，魏晉南北朝時期，中國幾乎沒有地藏菩薩像，甚至在佛教藝術變遷史上占有重要地位的雲岡、龍門、敦煌等石窟的地藏菩薩像，都是唐代以後的作品。

這些研究充分顯示出玄奘重譯的《十輪經》，將地藏菩薩正式推上了中國社會的舞台。但當時，地藏信仰還未涉及地獄思想或十王的民俗觀念。

地藏信仰爲什麼可以深入人心？

隨著人心的需要，地藏信仰經過歷代的改造，徹底的中國化了。

　　雖然玄奘重譯的《地藏十輪經》改變了地藏菩薩在人們心中的地位。但地藏菩薩與冥界結合的形象，卻是另外兩部經典的推波助瀾，一是《地藏菩薩本願經》，一是《佛說地藏菩薩發心十王因緣經》(簡稱《地藏十王經》)。

　　《地藏菩薩本願經》是一部平民百姓接受度很高的經典，若當時有「暢銷書排行榜」，本經毫無疑問是名列前十名的佼佼者。大陸學者張總便提到，地藏三經中，對後世影響最多者，非《本願經》莫屬。

　　雖然一些知識分子至今對《地藏菩薩本願經》的僞經問題仍爭論不休，認爲這部經典到明代才編入大藏經，不可能在唐代社會產生太大影響。然而根據經藏目錄刊刻及實際流傳的情況來看，《地藏菩薩本願經》的流傳應該在晚唐便開始了。回顧歷史發展的脈絡，不難發現地藏菩薩改頭換面的關鍵時期正是晚唐宋初。

▌從菩薩到幽冥教主

　　當時，地藏信仰的發展共分兩條路線，一是與淨土信仰合流。例如，四川大足石窟中關於晚唐的造像，便將地藏菩薩視爲阿彌陀佛的脅侍，並與觀音菩薩合龕居多。另一條發展路線則是與地獄信仰結合。晚唐時期，民間開始流傳沙門形的地藏菩薩在冥界救苦的靈驗故事。這類故事確立了地藏菩薩專司死後救贖的形象，也使地藏信仰從此展開了不一樣的風貌。

　　隨著人心的需要，地藏菩薩在冥界的救贖事業益加忙碌，到後來人們乾脆找了其他十位神祇一起幫忙。《地藏十王經》的出現，正是將地藏菩薩與地獄十王結合的首部經典。自此，地藏菩薩不但在冥界救苦救難，更成爲閻羅王的化身。到了宋代，道士淡癡在《玉曆寶鈔》中另外爲地藏菩薩安插了一個頭銜——幽冥教主，地位僅次於道教治鬼的主神——酆都大帝。地藏菩薩的主要任務是列席在十王座前監督審判，以防十王審判不公引起冤獄。

　　與十王結合的「新地藏信仰」，影響不僅及於佛教徒，更及於道教或一般民眾，可說十足的本土化。另外，透過「新地藏信仰」對喪葬祭祀的滲透，地藏菩薩也成了死亡禮儀中不可或缺的角色。宋代以後的民間社會，地藏菩薩與地獄信仰幾乎畫上等號，且流傳千年而不墜。

地藏與地獄改變了中國人的死亡觀？

魂與魄，人與鬼

佛經傳入之前，中國雖無地獄的說法，卻有非常豐富的冥間鬼神魂魄思想。先秦典籍認為人由魂魄組成，魂為主宰心志思惟的精神力量，魄為主宰肉體行動的精神力量；人死後靈魂不滅，魂盛者升天而為神，魄盛者留滯地面而為鬼。人的魂魄轉變成的鬼神，和天神、地祇的地位是相等的，都有超越世人、降禍賜福給世人的能力，所以鬼的地位遠在人之上，並由宇宙最高的領導者──天帝直接管轄。

千年來，經由民間的融合及改造，印度來的地獄本土化，而中國人的死亡觀也被地獄化。

戰國時期，神仙思想興起，鬼的地位逐漸被神仙取代，也不隸屬天帝管轄，改由泰山神來治鬼，有所謂「魂歸泰山獄」的說法，這也是「地獄」一詞的來源。漢末六朝之時，道教更以北陰酆都大帝為冥界最高主神。但這個時期，人死為鬼毋庸置疑，因此也無所謂「投胎轉世」，而且鬼擁有凌駕世人的能力，所以親人祭祀時，表現尊敬和祈求，以得到祖先靈魂的保佑。

魏晉南北朝後，隨著佛教業力論、輪迴觀、地獄說的傳入，中國人的死亡觀產生了極大的變化。首當其衝的是，原本入黃泉的鬼成了六道輪迴的生命之一。人們相信，不論貴為天子還是賤若乞丐，死後都將因業力的牽引在六道中上升或下沉。業報受盡了還得再來一次輪迴。人們祭祀的方式也開始出現「法會」的形式，傾向於拔除亡人之罪，使祖先免受三惡道之苦。

▋ 十王信仰是新地獄說

地獄思想剛興起時，地獄的主管只有閻羅王一人。而後，地獄逐漸與民間信仰結合，除了閻羅王，道教中掌管人間生死的司命、司錄及司人善惡的鬼神全成了地獄組織的一部分。泰山神也不再管鬼，成了對人們生前善惡罪業的審判者。唐代的十王信仰便在此背景下產生，但十王的地獄思想儼然一種全新的佛教地獄說，並以四川沙門藏川所撰寫的兩部《十王經》影響最大。第一部全名為《佛說閻羅王授記令四眾逆修七齋功德往生淨土經》(簡稱《佛說十王經》)；第二部為《地藏十王經》。藏川把佛經中主管地獄的閻羅王及中土冥界治鬼的泰山神納入十王之一，卻獨漏道教冥界主神酆都大帝，致使十王的地獄組織在人們心中仍有缺陷。

這個缺陷一直到宋代，才由道士淡癡所撰的《玉曆寶鈔》彌補過來。淡癡以中土行政體系來組織地獄，並以天帝掌管冥界諸神。書中冥界的最高主宰為酆都大帝，其次為幽冥教主地藏菩薩，再來才是十殿閻王。除了將佛道二教的主神全納入地獄組織，還將地獄整個搬了家，從佛經中的兩大鐵圍山或閻浮提地下的位置，搬到中國傳說中的東海底沃燋山下，充分結合了中印冥界的說法，使地獄思想更趨本土化。

地獄思想從漢末六朝的醞釀、唐代十王信仰的本土化，演變到宋代佛道兩教冥神兼容並蓄，巔覆了中國傳統的死亡觀，產生全新的中國式地獄風貌。

地藏菩薩東渡日本後，
變身人見人愛的「守護神」？

在中國，人們視地藏菩薩為「幽冥教主」；在日本，人們暱稱他為「地藏阿伯」。東渡日本後，地藏菩薩不再陰森恐怖，反而搖身變成兒童的保護神、延年益壽的保證人。

　　地藏菩薩在奈良時代(710-784)，隨著《地藏十輪經》東傳日本。但剛開始，地藏菩薩並未成為獨立的信仰，即使偶爾出現塑像，也多半與另一尊財神象徵的虛空藏菩薩成對出現。

▎平安時期聲名大噪

　　地藏菩薩在日本獨挑大樑且聲名大噪，已是兩百年後平安時代(794-1192)的末期了。許多日本人撰述的佛經，如《延命地藏王菩薩經》、《佛說地藏菩薩發心因緣十王經》陸續在這段時期問世；各種相關文學作品及靈驗記也在庶民之間流傳，例如《今昔物語》一口氣收錄了十三則地藏菩薩的顯靈故事，首次壓倒了觀世音菩薩；單尊的地藏菩薩雕像及畫像也紛紛在雕刻家及畫家手中完成。而今，藏有這些國寶級雕像或畫像的日本寺院就有一百十餘座之多。

　　隨著地藏菩薩六道救贖的思想傳布，日本獨特的「六地藏」(見檔案5)也在平安時代末期逐漸凝聚了人們的信仰。根據日本學者真鍋廣濟的研究指出，「六地藏」一詞首次出現在十二世紀初問世的《拾遺往生傳》。書中描述藤原經實的夫人重病之際，其母製作七佛藥師像以求病癒，但病情未見起色，於是轉而求助冥界六地藏像。現今日本墓園入口供奉的六尊菩薩就是六地藏。

日系地藏信仰延伸地藏對世人延命利生的行願，而有子安地藏或延命地藏等祈求平安的地藏像。(台北賴奇郁提供)

延命地藏尊

地藏形象多元發展

到了鎌倉時代(1603-1867)，隨著人們現實生活的需求，地藏信仰與日本民俗結合，衍生出多元化的面貌，例如：保護兒童的「子安地藏」、延長壽命的「延命地藏」、與戰爭結合的「勝軍地藏」、代替眾生受苦的「替身地藏」、保護農務的「田植地藏」、為人間美滿婚姻和愛情而祈福的「愛戀地藏」、專門照顧賣油的農民和商人的「油掛地藏」、專門照顧考生的「奮鬥地藏」等等。

日本近代，人們又將地藏信仰與水子(夭折的胎兒、嬰兒)結合在一起，稱為「水子地藏」。水子地藏以小沙彌的姿態梭巡在乾河床中，使夭折的胎

現今的日本，不論在肅穆莊嚴的佛教寺院，或熙攘的大街小巷都看得到相當人性化的地藏菩薩塑像。(黃丁盛攝影)

兒、嬰兒免於惡鬼的侵擾。人們往往在地藏菩薩像前堆著一些小石頭，並將孩子的遺物及喜歡的玩具供奉在一起。每年八月中旬舉行的地藏盆，即是道道地地的兒童祭典。這天，日本各地的兒童都會在地藏菩薩前供上鮮花，以求保佑。

連吃飯也少不了地藏

中國的地藏信仰強調地藏菩薩度化地獄受苦眾生，超度亡者出離三惡道；日本的地藏信仰則延伸地藏菩薩利益世人的行願。現今的日本，不論在肅穆莊嚴的佛教寺院，或熙攘的大街小巷都看得到地藏菩薩塑像；許多街道、地區也以「地藏」命名；在歌謠中，人們並暱稱他為「地藏阿伯」；甚至在餐館還可點上一客「地藏」大快朵頤。日本人對地藏菩薩的喜愛，幾乎到了連吃飯都少不了他的程度。

在台灣寺廟中仍可見日據時代地藏菩薩聖像的遺跡，其外形多半素樸簡單，與傳統的中國地藏形像迥然不同。下圖為中和圓通寺裡的地藏菩薩像。(黃丁盛攝影)

❀ 台灣也找得到日本地藏？

日據時代，日式佛教八宗派傳入台灣，不少寺院在供奉釋迦世尊、觀音菩薩外，也供奉地藏菩薩聖像。目前，在台北圓山臨濟護國禪寺、東和禪寺、成都路的天后宮、中和圓通寺等寺廟，均遺有日據時代地藏菩薩聖像的遺跡，其外形素樸簡單，與傳統的中式地藏形像迥然不同。

東和禪寺大殿正門外的庭園裡，矗立著一尊高約兩公尺的地藏菩薩石像，比丘身形，右手握錫杖，左手托如意寶珠。雕刻年代於昭和六年(1941)。另一尊供在功德堂的地藏菩薩木像，亦呈比丘形像，但頂有光輪，額上有白毫，胸飾瓔珞，右手持錫杖，左手抱一小娃兒，腳邊還繞著三個幼童，是典型的日式子安地藏的造型。

臨濟寺的地藏菩薩像則位於大殿後方山路的小徑旁。石刻的地藏像無髮無冠，胸無飾物，面如童顏。

天后宮原是日據時代的新高野山弘法寺，原是日式的佛寺建築，二次大戰後，改建飛檐畫棟的中國式廟宇，內供奉天后媽祖。原來的地藏菩薩雕像被安置於院外角落。

九華山是地藏菩薩的人間道場？

被人們神格化後的金地藏，造就了地藏菩薩的人間道場九華山，而九華山也深化和擴大了民間的地藏信仰。

金地藏在二十四歲那年，放棄了新羅國的王位，大老遠從韓國跑到九華山上清修，一修七十五年，不僅將自己修成應身菩薩(見檔案10)，也將九華山修成地藏菩薩的人間道場，與五台山、峨嵋山、南海普陀山合稱中國四大佛教名山。而九華山也在時代推演中，深化和擴大了民間的地藏信仰。

人們相信，只要到了九華山，就能拜到真正的地藏菩薩，只有到了九華山，才能表示自己對地藏菩薩的真誠信仰。(九華山佛教文化研究會提供)

▋亂世中的定心丸

地藏信仰到了唐代已深入民間社會。人們因地藏菩薩的大悲大願，視他為生前解脫、死後超脫的精神庇護者。唐末五代，經過安史之亂、黃巢起義、五代十國等動盪，人們飽受戰爭及生離死別之苦，心靈上極度渴望有個支持。金地藏為地藏菩薩應化身的說法在此時出現，無疑地更符合了人們心理上的需求。

除了金地藏應化身的出現外，九華山也在寺院僧眾和社會各階層，尤其是帝王將相的因勢利導下，多少促成了地藏菩薩人間道場的深遠影響。宋、明、清三代，來此修行的僧眾愈來愈多，寺院規模日益擴大，其中「化城寺」便是金地藏生前住持的寺院。清末時期，全山寺院共有一百五十餘座。後經戰亂及年久失修，九華山現存的寺院亦有七十餘座。此外，從金地藏的肉身菩薩起，千年來，九華山的肉身比丘、比丘尼達十四尊之多。

▌拜到眞正的地藏菩薩

九華山形成地藏菩薩人間道場後，使得地藏信仰有了實質的地理歸依點。人們相信，只要到了九華山，就能拜到眞正的地藏菩薩，只有到了九華山，才能表示自己對地藏菩薩的眞誠信仰。宋、元、明、清時期，朝拜九華山的信徒只能以「遠焚香者，日以千計，叫呼膜拜，不絕於途」來形容。這種朝拜的盛況亦促成地藏信仰的民俗化。

例如，因地藏信仰的孝道精神與十王特色，以九華山爲核心發展出的民俗，便有在喪禮中不可或缺的「唱孝歌」及「唱十殿」等儀式；農曆七月三十日，金地藏圓寂日亦稱爲地藏菩薩聖誕日，九華山僧侶在肉身寺舉行「地藏法會」，誦讀《地藏菩薩本願經》；另外，還有歷時七天(農曆七月三十日至八月初六)的「地藏七」超度法會。這些風俗從九華山周邊地區開始發展，經由信徒傳播到中國各地，至今已形成各地民間信仰的一部分。

金地藏將九華山修成地藏菩薩的人間道場，與五台山、峨嵋山、南海普陀山合稱中國四大佛教名山。(九華山佛教文化研究會提供)

40

重要的地藏菩薩寺院還有哪些？

地藏菩薩在中國、台灣、日本，甚至韓國都有一定的影響力，不少寺院都在傳布他的大願精神。

　　說到重要的地藏菩薩寺院，從唐朝起，即不斷修建及擴增的九華山道場應是當仁不讓，但隨著地藏信仰的傳布，地藏寺院也在各地人們的修建下，作為地藏大願的精神表徵。茲將較著名的地藏寺院列表如下：

地　　點	寺院名稱	特　　點
安徽九華山	化城寺	金地藏修行之寺院
安徽九華山	肉身寶殿	內供八世紀金地藏肉身像
安徽九華山	祇園禪寺	全山寺院規模之首，九華山四大叢林之一
安徽九華山	百歲宮	內供無瑕禪師肉身像，九華山四大叢林之一
安徽九華山	天台寺	傳說地藏菩薩曾居此寺
河南龍門	龍門石窟	唐代地藏菩薩石像數尊
四川大足	北山佛灣	地藏化身窟四尊略大於人身的石雕
甘肅敦煌	莫高窟	唐、五代地藏菩薩繪畫及雕刻
河北邯鄲	南響堂	唐地藏菩薩石像數尊
河北北京	智化寺	明代壁畫地藏菩薩說法相
雲南昆明	地藏寺	內奉宋朝的大理國經幢
台灣鹿港	地藏王廟	內奉十九世紀地藏王像
日本鎌倉	海山長寺	著名的千體地藏石像
日本京都	廣隆寺	日本最古老的地藏菩薩坐像
日本京都	寂光院	供奉兩公尺高的地藏像
日本京都	地藏院(竹寺)	十四世紀的地藏寺院
日本京都	仲源寺	內奉日本知名的目疾地藏
日本奈良	聖林寺	內奉日本最大的子安延命地藏
日本福岡	高塚醫神地藏尊	七世紀的地藏菩薩雕刻
韓國	松廣寺	以大雄寶殿、僧殿及地藏殿為中心

僻處曹溪山叢林中的禪宗寺院松廣寺，在韓國三大名寺中其氣氛最為寧靜，寺院中以大雄寶殿、僧殿及地藏殿為中心。
(何聖芬提供)

檔案 *41*

農曆七月三十日是地藏菩薩的生辰或忌日？

農曆七月三十日是佛教界舉行地藏菩薩聖誕法會的重要節日，在中國則稱為「地藏節」。其實這一天是地藏菩薩應化聖蹟中金喬覺王子的圓寂之日，圓寂就是生日嗎？究竟農曆七月三十日是地藏菩薩的生日？還是圓寂成道之日？

相傳唐開元年間，朝鮮半島新羅國王親族金喬覺出家為僧，二十四歲時，為求佛法，渡海至安徽九華山潛心苦修，歷經七十五載，於貞元十六年農曆七月三十日，以九十九歲高齡圓寂。圓寂後，其形貌及各種瑞相極似佛經所記載的地藏菩薩，且其肉身三年不壞，顏貌如生，被尊為地藏菩薩的示現及化身，後人更興建寶塔以供奉此一肉身菩薩，又名「金地藏」。於是，人們為了紀念地藏菩薩的成道之日，便在農曆七月三十日這天舉行地藏法會。

那麼又怎麼會將這天說成是地藏菩薩的聖誕呢？或許可以這麼說，「圓寂成道」代表了滅除煩惱、超脫生死，也就是脫離了肉身，成就了法身，所以金地藏的圓寂之日，也被稱為是地藏菩薩的聖誕日。

新羅國王親族金喬覺出家為僧，渡海至九華山潛心苦修，圓寂後，有肉身不壞、示現金地藏的傳說。圖為九華山古拜經台。(九華山佛教文化研究會提供)

▌什麼是圓寂

圓寂有圓滿諸德、寂滅諸惡之意，也就是涅槃。涅槃的梵文是nirvana，有滅、滅度、寂滅的意思，又稱「般涅槃」，其意為圓寂。

涅槃是指滅除煩惱、超度一切生死苦難，進入寂靜而不受煩惱所動的境地。小乘佛教將涅槃分為：有餘涅槃，指煩惱永盡而色身尚在；無餘涅槃，煩惱永盡而色身也已死亡。

大乘佛教所指的涅槃即是從煩惱中得到解脫自在，有不生不滅的意義，以成就法性、法身。涅槃並不一定要等到肉身死亡，才能斷除無明，當下便能進入涅槃。

❀ 肉身菩薩

肉身菩薩，是指僧侶圓寂後，將遺體盤成坐姿，放入特製的陶缸，缸中並擺放木炭及石灰，以吸收水分，然後蓋上缸蓋加以密封存放，這就是「坐缸」。經過一段時間，最多約三年，打開缸蓋，如肉身沒有腐敗，便是所謂的肉身菩薩。坐缸不一定都能成功，如發現肉身已腐敗，就火化。

形成不壞的肉身，為了長期保存，還必須進行「金漆」處理，也就是在肉身上貼滿純金的金箔，因為金箔的抗氧化性較好，能有效隔絕空氣接觸，保持肉身長久不壞，是最佳的防腐材料，所以我們看見的肉身菩薩都是金光閃閃的。

其實肉身菩薩之所以受到信徒的尊敬供養，原先是因為曾受到此肉身菩薩生前的修行教誨，藉此供奉以表達崇敬，凡夫不需過分迷信，認為肉身菩薩一定就具備某些超能力，畢竟正信的佛教精神，主要是教導人們發起慈悲心，以正法利益眾生。

七月，該害怕？還是要歡喜？

地藏法會

相傳農曆七月三十日是九華山地藏比丘金喬覺的涅槃之日，由於其圓寂之後，肉身不壞，眾信徒認定為地藏菩薩的示現，遂尊稱為金地藏，並訂於這天舉行地藏法會。地藏法會的內容為念誦地藏經及地藏懺，主要的精神在於懺悔，及為現世及往生父母親人祈福。

民間傳說農曆七月初一閻羅王會放出孤魂野鬼到人間遊玩享樂，直到七月的最後一天才會重回鬼門，因此七月又稱鬼月。但是佛教卻稱七月是歡喜月、吉祥月、感恩月，這是怎麼回事呢？

農曆七月一直被民間視為鬼月，傳說從初一開始，閻羅王便將地獄中的孤魂野鬼放出，讓他們到人間來享受祭品，也就是俗稱的「鬼門開」；直到七月的最後一天，才又將他們送回鬼門，俗稱「鬼門關」。因此，七月便成為人們戒慎恐懼的月份，並衍生許多禁忌，如不宜搬家、嫁娶、開店、動手術、出殯等。然而，在佛教中並沒有所謂鬼月的說法，反而稱農曆七月為吉祥月、歡喜月、感恩月，這其中的緣由和所謂「結夏安居」及目連尊者救母的故事有關。

▋結夏安居

在佛陀時代，平日出家人多要出門托缽，但到了農曆四月十五日至七月十五日是印度的雨季，易洪水氾濫，且逢夏季，多小蟲遊走，出家人赤足行走，為顧及安全，且避免踩及蟲類、傷及眾生性命，因此，佛陀便指示在這三個月期間，所有出家眾不需外出托缽，請信仰佛教的在家居士供養，一來可提供在家居士有供養的機會，二來修行者能夠藉此專心修行，稱為「安居」，或「結夏」、「夏安居」。安居前必先結界，所謂結界就是劃定特定範圍，所有僧侶集合此處，持戒修行，並聆聽佛陀的教導。

到了七月十五日結夏安居功德圓滿時，也就是所謂「解夏」，許多潛心修行的僧侶，在經過三個月的精進用功後，能道業有成、覺悟菩提，因此佛教稱七月是吉祥月。而佛陀看到許多弟子能夠覺悟自性、圓滿修行，感到無比歡喜，所以七月又稱歡喜月，七月十五日又稱「佛歡喜日」，也稱「僧自恣日」。（自恣，原義是隨意，指邀請他人對自己言行不當之處，若眼見、耳聞乃至有所懷疑者，皆可隨意舉發。每年安居圓滿日，一起安居的比丘(尼)藉著共住三個月的因緣，共同檢討這段期間彼此的言行，若有不當處就懺悔。）

▋目連救母與盂蘭盆會

盂蘭盆是梵名 Ullambana 的音譯，「盂蘭」有倒懸的意思，「盆」則是指救護之器，「盂蘭盆」便有解救倒懸痛苦之意。倒懸是形容墮

九華山地藏法會。（九華山佛教文化研究會提供）

於地獄餓鬼的痛苦就如人之倒立般，頭在下腳在上，苦不堪言。

佛陀十大弟子之一的目犍連尊者，以神通第一著稱。《佛說盂蘭盆經》記載，目犍連尊者證得神通後，想要救度父母業報，報答親恩。於是，利用神通遍尋父母，卻發現母親墮於餓鬼道中，瘦得皮骨相連，無法飲食。目犍連尊者立即以缽盛飯，運用神通將食物送給母親吃。沒想到，母親因為受惡業果報的緣故，一看見食物深怕其他惡鬼來搶食，急著要將食物送入口中，不料，食物尚未入口便化為火炭。目犍連尊者不忍，在運用神通依然無法幫助母親的情況下，只好向佛陀求助。

佛陀告訴目犍連，其母親業報太深，不是靠目犍連一人就能救度，必須在七月十五日結夏安居圓滿的日子，用百味飲食供養這些修得證果的十方僧眾，藉著眾僧修行的力量，以及供養三寶的功德，才能救拔母親及七世父母的業報之苦。這就是盂蘭盆會的由來。因此，七月在佛教中又稱為感恩月，是感念父母養育之恩的意思。

目犍連在七月十五日結夏安居圓滿的日子，用百味飲食供養修得證果的十方僧眾，藉著眾僧修行的力量，以及供養三寶的功德，救拔母親及七世父母的業報之苦。這就是盂蘭盆會的由來。(黃丁盛攝影)

盂蘭盆會就是中元普渡？

由於盂蘭盆會和中元節都在農曆七月十五日舉行，所祭拜的對象又同為地獄鬼魂，宋代將兩者融合為現今的中元普渡，因此才有盂蘭盆會就是中元普渡的說法。

「中元」一詞是道教的說法，為「三元」之一，約在北魏時期就有了，根據《五雜組》記載：「道經以正月十五日為上元，七月十五日為中元，十月十五日為下元。」又《修行記》說：「七月中元日，地官降下，定人間善惡，道士於是夜誦經，餓節因徒亦得解脫。」原來按照道教信仰，農曆七月十五日是所謂的地官誕辰，這天地官下降人間，判定人間善惡諸事，並赦免地獄鬼魂的罪業，因此民間會準備豐富的牲禮，並誦經、做法會，來祭拜地官、祖先，以及超度餓鬼亡魂。

道教有所謂三官之說，就是掌管賜福的天官——紫微大帝、掌管赦罪的地官——清虛大帝、掌管解厄的水官——洞陰大帝，合稱三官大帝，是對天、地、水三界神明的自然崇拜，民間則俗稱「三界公」。而「三元」源自於三官，分別為：上元是天官誕辰、中元是地官誕辰、下元是水官誕辰。

▌佛道合一的中元普渡

魏晉時期，佛教信仰進入中國，著名的《盂蘭盆經》在西晉時被譯成漢文，由於內容所提倡的孝道精神和儒家思想相同，於是受到君王的重視與讚揚，並廣為流傳。自梁武帝開始舉行盂蘭盆會後，便逐漸成為一項習俗，到了唐太宗甚至每逢七月十五日，都要在宮中舉行盛大的盂蘭盆會，非常虔誠。於是，在原本的道教信仰下，又加上了佛教的傳入，在農曆七月十五日這一天，便可在各地看見有關中元節及盂蘭盆會的各項活動。

由於盂蘭盆會和中元節舉行的時間都是農曆七月十五日，加上兩者都是祭拜超度地獄亡魂，因此到了宋代泉州地區所舉行的普渡儀式，便將兩者合而為一。

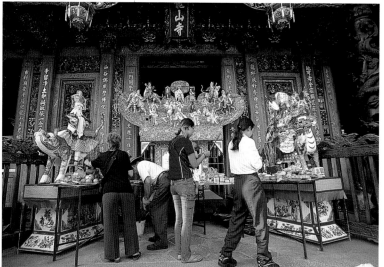

中元節主要活動就是普渡，以寺廟為主的普渡稱為「廟普」，或公普。如：艋舺龍山寺、祖師廟、大龍峒保安宮等都有大型的祭拜活動。圖為龍山寺中元普渡。(黃丁盛攝影)

■中元普渡爲何在台灣盛行？

話說清朝時期起，有許多從大陸沿海地區冒險渡海來台開墾的先民，由於渡海的危險，加上當時台灣還是一塊蠻荒之地，時有瘟疫，還常常爲了爭奪土地、水源等而發生械鬥，造成先民死傷無數。這些先民大多隻身來台，打算開墾有成再回家鄉接來親人，不料卻先客死異鄉，成了孤魂野鬼。於是，地方有心人士決定協助處理喪葬，並進行超度，加上中元普渡原本就盛行於中國沿海地區，而這些地方正是大多渡海來台開墾先民的家鄉，於是便將家鄉普渡的習俗帶來台灣，形成了鬼月普渡。

中國人一向敬畏鬼神，在恐懼鬼神作祟的心理下，爲求安定，對於中元普渡就更加重視了。

由於普渡的對象和地獄眾生有關，在一般人認爲地藏菩薩就是幽冥教主的認知下，便同時會在普渡時祭拜地藏菩薩。

無論盂蘭盆會或中元普渡，都象徵了愼終追遠、敬畏鬼神的含意，一方面闡揚感念祖先的孝道精神，一方面則發揚利益眾生的慈悲精神，在慶讚中元普渡的同時，擁有一顆無緣大慈、同體大悲的精神，恐怕要比無謂的恐懼、迷信更重要吧！

由於盂蘭盆會和中元節舉行的時間都在農曆七月十五日，加上兩者都是祭拜超度地獄亡魂，到了宋代泉州地區所舉行的普渡儀式，便將兩者合而為一，台灣則延續這項傳統。圖為基隆慶安宮中元祭。(黃丁盛攝影)

🌸 中元節的活動

開鬼門：
相傳農曆七月初一鬼門開，所有陰間的孤魂都要來到人間，家家戶戶在門口準備豐盛的食物祭拜，供品上各插一支香，稱「拜門口」。寺廟要在廟前豎燈篙，以供孤魂野鬼識別，叫「起燈腳」或「豎燈篙」。此日，還請地藏菩薩啓開鬼門關。

普渡：
「街普」，或稱私普，以街庄為主的普渡，過去按街別區分，輪流祭祀。現改為中元節當天統一普渡祭祀。
「廟普」，或稱公普，以寺廟為主的普渡。如：艋舺龍山寺、祖師廟、大龍峒保安宮等。

搶孤：
通常於農曆七月的最後一夜舉行(或依各寺廟所訂定之時間)，是普渡中最後的儀式。於廟前搭設「孤棚」，高約一丈至二丈許，以供置「孤飯」及其他各種供物，供物上插三角紙旗，以提供民眾搶奪，據說拔得頭籌的人，來年會有好運。其原意是要將供品施與貧窮眾生，同時希望孤魂野鬼在最後飽餐一頓後，盡速打道回府，以眾人壯大的聲勢，來達到驅趕鬼魂的目的。目前最有名的搶孤活動是在宜蘭縣頭城鎮。

放水燈：
一般是在中元節前一天舉行。目的是要藉著水燈替水陸孤魂照路，讓他們能順利到陸地上享受祭品。放水燈的隊伍要在傍晚出發遊行市區，抵達放水燈的海邊時，由僧侶或道士誦經，召請孤魂上岸，然後再將水燈放入水中，接引水中孤魂，以接受次日的普渡祭拜。水燈分為水燈頭、水燈排兩種，前者有圓形燈，後者又稱水燈筏，需七、八十人才能扛起。

關鬼門：
農曆七月最後一天，俗稱「謝燈腳」。自七月初一從陰府來人間享受祭品的孤魂野鬼，將在此日打道回府。寺廟撤去燈篙，並焚燒，同時舉行祭拜，七月的普渡到此結束。

地藏法門有哪些修持法？

> 一日稱地藏，功德大名聞，勝俱胝劫中，稱餘智者德，能解諸眾生，一切煩惱縛，至健行定等，諸定之彼岸，十二緣清淨，諸智如虛空，破無邊佛土，諸有情暗聚。 ——《大乘大集地藏十輪經》序品

　　浩瀚的三藏十二部經典裡，每部經論都是諸佛菩薩教示的法門，雖然修行的方式不盡相同，但目的是一致的，即針對不同心性的眾生給予適切的教導，並令他們從苦惱的深淵中得到生命的解脫。夢參老和尚於開示「地藏三經」時指出，有關地藏菩薩的經典、懺本、儀軌都屬於地藏法門，只要通了一個，其他都會有所聯繫。但不同之處就在「轉眾生業」的方法上。常見的地藏修持法門如下：

▋十善業道

　　出自「地藏三經」。以十善法戒止惡及行善，可得現世利益並可證得無上菩提。

▋根聚法門

　　出自《占察善惡業報經》。地藏菩薩在卷上教了眾生「木輪相法」，以三種輪相占察三世善惡業報，並教示三業不淨者的懺悔之法。卷下教導眾生「一實境界二種觀道」。這兩種方法，一個是從事相上出發，一個從理相上出學，不論是初學者或是潛心修法多年者，均可按照地藏菩薩的教法逐次解除修法上的疑惑，清淨身口意三業，進而修定、修慧，達到真如實相的境界。

▋入出息觀

　　出自《地藏十輪經》。即以「出入息觀」進入禪定、斷除煩惱。

▋地藏懺法

　　以地藏菩薩為懺主的法門。目前保留在佛教藏經中的顯宗地藏懺儀包括：占察善惡業報經行法、讚禮地藏菩薩懺、慈悲地藏懺法。另外在敦煌寫卷中亦保存一件《禮地藏菩薩懺悔發願法》。

▋念佛與持咒

　　地藏三經均強調念誦地藏菩薩聖號或經典，以期從禪定中得到大功德。

地藏十齋日

出自《地藏菩薩本願經》。在每月十齋日中清淨身心，讀誦經典，可以消災解厄，得到現世利益。

「地藏三經」之外，《地藏十王經》、《地藏菩薩陀羅尼經》、《地藏菩薩儀軌》等均可稱為地藏法門之一。不論這些經典是源自印度或中土所撰，是屬於形而上的心靈開悟或是形而下的利益索求，最終還是要帶領修行者以地藏菩薩的大願為依止，發無上菩提心，證得清淨自在的如來本性。

初學者或因地藏菩薩度化地獄眾生的形象太過鮮明，產生許多疑惑。文化大學哲學研究所教授孔維勤曾表示，現代人的雜念太多，生活的欲望太大，說得更確切一點，現代人多多少少有些病態，心中堆滿了垃圾，要能靜下來修行，必須先做一番清除垃圾的工夫，否則一念靈光，反而會跳出一些奇奇怪怪的幻覺，若有人定性不夠，會執著因修行中發生的情境，進而被怪力亂神附會了，也就墜入「鬼窟」、「黑洞」，無法自拔。

因此，初學者在進入地藏法門時，一定要對地藏菩薩的悲願深具信心，如常持戒、懺悔與修行，並熟讀「地藏三經」的經文及相關的注疏、講解，了解地藏菩薩為眾生廣設方便的慈悲。當你在日常修行中，時時刻刻感受到地藏菩薩的慈悲，落實地藏菩薩的大願，定能通過種種障礙及考驗，真正深入地藏法門的精髓。

日常修行中，要時時刻刻感受到地藏菩薩的慈悲，落實地藏菩薩的大願，圖為高雄縣大岡山蓮峰寺裡的地藏菩薩像。(黃丁盛攝影)

十善業道是地藏法門的根本？

十善業道，安立一切善法功德根本，是世出世勝果報因。——《大乘大集
地藏十輪經》卷六

　　佛陀在《十輪經》說道：「十輪者非餘法也，當知即是十善業道。……十
善業道是安立一切善法功德的根本。……成就如是十種輪故。得名菩薩摩訶
薩也。於一切惡皆能解脫。一切善法隨意成就。速能盈滿大涅槃海。以大善
巧方便智光成熟一切眾生之類。皆令獲得利益安樂。」

▌十善業道佛法基礎

　　不修十善業道有何後果呢？《十輪經》中記載：「若不修行十善業道，設
經十方佛土，微塵數劫，自號大乘，或說或聽，或但發心，或發誓願，終不
能證菩提涅槃，亦不令他脫生死苦。」

　　其實，所有的大乘經典均記載，菩薩發菩提心，都要從十善業做起。例如
《十善業道經》所說：「此十善業道亦復如是：一切人天依之而立，一切聲
聞、獨覺菩提、諸菩薩行，一切佛法咸共依此十善而得成就。」由此可知，
十善業道不只是地藏法門的根本，也是佛法的基礎與中樞。

▌止十惡修十善

　　修持的方法可分為兩個層次：一是消極的止息十惡，二是積極的修行十
善，茲表列如下：

三業	止惡（止息十惡）	行善（修行十善）
身業	離殺生(不殺害生命)	救生（不但不殺生，更能救護眾生）
	離偷盜(不盜取財物)	布施（不但不偷盜，更能布施結緣）
	離邪淫(不淫狎行為)	梵行（不但不淫邪，更能清淨梵行）
口業	離妄語(不妄說不實之語)	誠實（不但不妄語，更能說話誠實）
	離綺語(不說淫穢不正之語)	質直（不但不綺語，更能正直言語）
	離惡口(不說譭罵惱人之語)	愛語（不但不惡口，更能言語柔順）
	離兩舌(不說離間兩方之語)	和諍（不但不兩舌，更能和合悅眾）
意業	離慳貪(不慳吝貪著)	清淨（不但不慳貪，更能清心寡欲）
	離瞋恚(不瞋忿恚怒)	慈悲（不但不瞋恚，更能廣行慈悲）
	離邪見(不闇昧迷理)	正見（不但不邪見，更能正信因果）

檔案46

如何以木輪相法懺悔身、口、意三業？

諸種障礙事，增長憂慮，或疑或悔，於一切處，心不明了，多求多惱，眾事牽纏，所作不定，思想擾亂，廢修道業。有如是等障難事者，當用木輪相法，占察善惡宿世之業。 ——《占察善惡業報經》卷上

佛陀在《占察善惡業報經》一開場，就點明這是一部「根聚法門」。「根聚」就是六根、六塵、六識的相聚。而一切業的造作均牽扯到根、塵、識的境界。藉由地藏菩薩教示的「木輪相法」，人們可以得知六根、六塵、六識中造作出的善惡業報，進而心生懺悔，以達到三業清淨的境界。

▌拜懺

使用木輪相法前得先拜懺，拜懺儀式大致包括：「禮拜」、「供養」、「稱名」、「乞請」等。首先至誠懇切三請一拜十方一切諸佛、一切法藏、占察懺，以及《占察善惡業報經》，再三請三拜禮請地藏菩薩。而後集中心念稱名「南無地藏菩薩摩訶薩」千遍。之後並告白：「地藏菩薩摩訶薩，大慈大悲，惟願護念我及一切眾生，速除諸障，增長淨信，令今所觀稱實相應。」拜懺後就可以占察了。

木輪相法共分三組。至於使用那一組木輪相法，則視修行的目的而定。若修行的目的只是想求得純善的清淨相，使用木輪相法的第一組、第二組占察即可，以驗證過去世及現世是否清淨；若修行的目的是為解決自己或他人日常生活的疑難，只要占察第三組輪相即可，以具體了解三世果報的差別。

▌初輪及第二輪相

「初輪相法」共有十枚木輪，分別書寫著十善及十惡(身三、口四、意三)的字樣，可顯示過去世及現世的善惡業種。占察者將十枚木輪輕擲在淨布上，並將木輪顯示的結果依身、口、意三種果報順序排列記錄下來。

其次占察第二輪相共有三枚木輪，分別代表身、口、意三業，可知多生累劫召感的業力強弱大小。每枚四面各記有「大善」、「大惡」、「小善」、「小惡」的標記。占察者必須配合初輪相法的結果分別占察。例如，初輪相法的結果是「殺」、「盜」、「淫」的身業時，就只能使用三枚木輪中的身輪占擲。如果第一組輪相的結果包括身、口、意三業，就得分別占擲身、口、意三業善惡強弱大小的程度。

人數：單獨或集體拜懺均
可。若集體拜懺，人數最
好不要超過十人。

場地：大小不定，清淨即
可，並隨自己能力和現實
條件莊嚴一處。有能力的
人可供香花及懸掛幡、寶
蓋等飾具，無能力的人就
以一顆至心，把心量擴
大，修普賢七支供即可。

拜懺物件：地藏法像、
《占察懺法》、《占察善惡
業報經》、十九枚木輪，
以及一塊淨布(即乾淨的
毛巾、手帕或綢布，木輪
可在上面圓滑轉動即
可)。

木輪相法是一種以懺悔為基
礎、以達三業清淨的修行方
法，並非民間的求神卜卦。

拜懺直至三業清淨

最關鍵的部分是第二組輪相的大小、強弱結果必須與第一組的結果相符。例如，第一組輪相呈現「不殺生」、「不偷盜」、「不邪淫」的善業，第二組占擲出的身業卻顯示「大惡」，就是不相應，拜懺者必須重新拜懺直到業障消除。

相應之後，得知自己十業的善惡大小輕重的結果時，就要至心懺悔，以修持占察懺作為恆常的功課。經過連續七日的修持，可直接重新占察第二組木輪，檢查身口意善惡輕重大小的變化情形。為了慎重起見，必須連續占察三次都得到身、口、意三輪均顯示純善的業報，才算是證得清淨相。

第三輪相

第三輪相共六枚木輪，書寫著一到十八的數字，代表六根、六塵、六識的相聚，能顯示三世中六道輪迴受報的差別。

占察時，將六枚木輪連續占擲三次，再將每次出現的數字加起來得一個總合，再對照《占察善惡業報經》記載的一百八十九種相法。相法編號一至一百六十是顯示現世的果報，編號一百六十一至一百七十一是顯示過去世的果報，編號一百七十二至一百八十九是顯示未來世的果報。大略可分為下列幾大項：

有關佛法修持及道業精進的問題。
有關學業、事業等方面的問題。
有關人際、姻緣、親戚、子女等方面的問題。
有關事物、財物、器具等方面之問題。
有關國家、社會、出外、遷移、居家、災劫、吉凶等之問題。
有關夢境虛實、吉凶方面之問題。
有關消災解厄的問題。
有關健康、疾病等方面的問題。

如果占擲三次的結果都是空白，就表示此人已證入無所有的空智。若經文顯示的相法與所問的問題不相應，就得重新拜懺，重新占察，直到相應為止。

▌務必熟讀占察經

追溯歷史脈絡，《占察經》似乎為人所遺忘。雖然，明末清初四大名師之一智旭大師，曾撰述《占察經行法》及《贊禮地藏菩薩懺願儀》，但在民間卻甚少流通。夢參老和尚在開示此經時一再強調：「凡是想以占察相法占察前世因果，首先須熟讀《占察善惡業報經》暨相關的注疏、講解，了解地藏菩薩開示占察相法的大意，之後才可以按照《占察相法》儀軌中所規定的程序來占擲木輪，否則將因修持這項法門時不夠誠心，反而懷疑占察輪相的殊勝。」

地藏菩薩的「木輪相法」，是要使人們得知六根、六塵、六識中造作出的善惡業報，進而心生懺悔，以達到三業清淨的境界。(易學講堂提供)

如何製作占察木輪？

占察木輪共有十九枚，分為三組。木輪材質最好選擇上等香木或柏木製作。大小約一截小指頭，長短必須少於一吋，正中四面削平，其餘兩頭削尖，如同棗核的兩端。如此形狀方可使木輪在淨布上自由轉動。

初輪相法共十枚木輪。每個木輪各有四面，其中一面以黑色書寫十種惡業，即殺、盜、淫、妄、兩舌、惡口、綺語、貪、瞋、癡；再以紅色在相對的另一面書寫十種善業，即不殺、不盜、不淫、不妄、不兩舌、不惡口、不綺語、不貪、不瞋、不癡。另外兩面則是空白，表示非善非惡。

第二輪相共三枚木輪，代表身、口、意三業。木輪四面各以長短不一的線條代表「小善」、「小惡」、「大善」、「大惡」。「大善」是以毛筆畫上一條粗線，長度達到木輪的邊緣；「小善」是以毛筆畫上一條細線，長度不及木輪邊緣；「大惡」就要改以刀刻，線條粗且深；「小惡」同樣是刀刻，線條則改為細且淺。

第三輪相共六枚木輪，上面標有一至十八的數字。每枚四面，一面留白，其餘三面各書寫一個數字。首先將一到十八的數字依序分為六組，記到六枚木輪上。例如：「一、二、三」一組，「四、五、六」一組，以此類推將六枚十八面寫滿數字。

佛教不說算命卜卦，
但占察經爲什麼教人占卜呢？

地藏菩薩以「占察」這個人人好奇的方法，引領眾生觀照三世的因果業報，進而懺悔持戒，才能進入禪定智慧的修行。

在生活中，人們經常需要面臨抉擇，也常在信心不足的情況下，求助於卜卦算命。佛陀在世時，爲了令眾生勇敢面對自己的宿世因緣，曾嚴禁弟子及佛教徒使用神通，連卜卦、相命、易術、星相等都在禁止之列。但佛陀在靈鷲山宣講《占察善惡業報經》時，爲何允許地藏菩薩教示「木輪相法」呢？

▍以懺悔法消罪業，以懺悔進入禪定

話說佛陀在靈鷲山法會一開場，才說要對與會的無邊無量大眾，演說甚深根聚法門。堅淨信菩薩便從座位上站了起來，問了一個冗長的問題：

「在此末法時期，眾生福報淺薄，煩惱又重，國家紊亂，天災不斷，種種厄難怖懼使眾生不得安寧。佛門弟子了無善念不打緊，還時時增長貪心、瞋心、嫉妒心、我慢心。即使有發心修道者，也以求得世間名聞利養爲前提，而忘了修行的主要目的。……這種種的障礙，使眾生對佛法沒有信心，甚至全盤否定。未來，若有眾生還保有一點點善根，想在佛法中求得禪定、智慧，有什麼方便法門可以解除他們的煩惱與疑惑呢？」

佛陀對這個問題深表讚許，但他自己不說，反而找來地藏菩薩予以解答。地藏菩薩開門見山地表示，不先懺悔消除罪業，是不能修習禪定和智慧的。

這是什麼道理呢？地藏菩薩隨即解釋道：「末法時期的眾生們，若想超脫生老病死，發心修習禪定及無相智慧者，應先觀看前生累世造下的惡業輕重大小。若惡業又多又厚的人，不能立刻學禪定、修智慧，應當先修習懺悔法。因爲宿世習氣很重的人，惡心相當的猛利，今生必定造下許多惡業及犯下許多重罪。如果不先懺悔，使身、口、意三業達到清淨，再修禪定、智慧，將在修道上遇到許多無法克服的障礙，甚至走火入魔，或被外道所困擾，或接受邪法，增長惡見。所以應當先修懺悔法。一旦戒根清淨及宿世重罪減輕後，即可遠離諸種障礙了。」

然而要懺悔今生做的錯事不難，但累世以來犯下多少錯事？又錯在哪裡？凡夫如你我豈能得知？在這種不清不楚的情況下，想懺悔談何容易？因此，地藏菩薩便以「占察」這個人人好奇的方法，引領眾生觀照三世的因果業報，進而懺悔持戒，才能進入禪定智慧的修行。

相法不是算命

地藏菩薩深知人們的心理，在靈鷲山法會上演說了「木輪相法」，讓人們了解宿世的善惡業報，以及今世的苦樂吉凶等事。

地藏菩薩強調，使用木輪相法一定要誠心如實地占察，所問之事便會明白地顯現在輪相上，宿世所造作的業報自然了然於胸，任何疑難雜症也能做出正確的決定了。

地藏菩薩再三告誡佛門弟子：「要學習這個相法，必須至心皈依地藏菩薩，並照相法指示修行，一切便可滿你所願。佛弟子不應捨棄這個方法，而就世間卜卦算命等占相吉凶。若是貪戀迷信之法，反而障礙了聖道的修行。」

地藏菩薩教你怎樣修得「一實境界兩種觀道」？

堅淨信菩薩在《占察經》裡問：「用木輪相法後不再有疑惑，但又該如何求得大乘之道？」地藏提出以禪定十法修習「一實境界兩種觀道」。

地藏菩薩在《占察經》說道：「若欲依一實境界修信解者，應當學習二種觀道。何等為二，一者唯心識觀，二者真如實觀。」夢參老和尚以為，真如實觀，即頓悟，例如慧能大師聽到《金剛經》「應無所住而生其心」就頓悟了。唯心識觀，指漸悟，如神秀大師所言：「時時勤拂拭，勿使惹塵埃。」

▌ 禪定十法

無論眾生根器如何，均得按照地藏菩薩教示的十種次第修習禪定，才能正確地進入這兩種觀道，達到一實境界。這十種第次有哪些呢？

1.攝念方便相：攝念即念佛菩薩聖號時，將念頭看管好，口念不算，必須念念從心，念念不離心。

2.欲住境界相：又叫觀相修法，即觀地藏菩薩聖像。

3.初住境界，分明了了，知出、知入相：住心即降伏心的辦法。知道煩惱的起源叫入相，知道如何排除煩惱叫出相。觀察自己的起心動念，煩惱一起隨即轉化，便是知出知入相。

4.善住境界得堅固相：心念了了分明，且不為外界所動，這時便可說得到堅固信心，清淨不變。

5.所作思惟，方便勇猛，轉求進趣相：靜坐思惟而禪定，以進入二種觀道。

6.漸得調順，稱心喜樂，除疑信解，自安慰相：即心地清明，心生歡喜，疑惑已除。更由自己信心堅固，解行明了，所以說得到了安慰相。

7.剋獲勝進，意所專者，少分相應，覺知利益相：即觀修時，可以自覺與法相應，並得到法上的利益了。

8.轉修增明，所習堅固，得勝功德，對治成就相：定力與智慧不斷增長，並可以對治煩惱不安的現象。

9.隨心有所念作，外現功業，如意相應，不錯不謬相：修習禪定後，將心裡想做的事業付諸實行，結果完全吻合自己的心意，就叫「相應」。稱心滿意，就叫「如意相應」。

10.若更異修，依前所得而起方便，次第成就，出入隨心，超越自在相：雖然改變了修行的方法，但前面修行的方便，亦將使你在每個次第的修行上有所成就，並達到隨心自在的境界。

❀ 什麼是一實境界

地藏菩薩為眾生開示了一整套的修行第次，即「一實境界兩種觀道」。什麼是一實境界呢？夢參老和尚說道：「即眾生本來具有的清淨面目，不生不滅，無障無礙，是本具的妙明真心、如來性藏。眾生都在十法界之內，十法界即佛、菩薩、聲聞、緣覺、天、人、阿修羅、畜生、餓鬼、地獄。十法界是一體的，迷了叫眾生，悟了就叫佛。」

但是眾生被外來的境界薰習，跟妄想執著相應，產生無明煩惱，該如何喚醒本來具足的如來性藏呢？地藏菩薩便提出兩種觀道的方法。

怎樣練習「入出息觀」？

復方便修入出息觀，即是修習持來去念。云何由念如實觀察入息出息，謂正觀察，數故，隨故，止故，觀故，轉故，淨故。——《大乘大集地藏十輪經》卷一

《地藏十輪經》提供了一種修定的方法，稱為「入出息觀」，又稱作「持來去念」，即「數、隨、止、觀、轉、淨」。從數息開始逐步修持，以斷除煩惱，進而達到定與慧的境界。

夢參老和尚於開示時曾表示，智者大師創始的天台宗「六妙門」：數、隨、止、觀、還、淨，其中的「還」與這部經上說的「轉」，意思是相通的。以下略述「入出息觀」的修持方法：

▌數

數即數息。息是我們的出入息，這口氣呼出去又吸回來、吸進來又呼出去就叫做息。妙境法師曾指出，息有四種，呼出去是由臍至鼻，叫做「出息」，出息是氣自然的向外出，不是你叫它出。它出的時候，出、出、出就不出了，但是，它又沒有立刻吸進來，在此不出也不入，稱為「內出息」，時間當然很短。然後就開始入息，由鼻至臍叫做「入息」，它入的時候，入、入、入就不入了，在此不入也不出叫做「內入息」。修行人靜坐時，從調息開始，使入出息自然深細，不急促、不結滯，然後專注默數呼吸，從一數到十後，不斷反覆。

▌隨

即不加勉強，隨呼吸之長短，入時知入，出時知出。一心數息至心無他念後，可以捨棄數息，僅微微觀注呼吸。如此隨息日久，其心更能凝靜，出入息也愈加細微，不僅到達肚臍，更至腳趾頭，感覺全身都有出入息。

▌止

止的目的是要把所有的雜念停下來，安住在緣境上面，使心靜慮，毫無波動。修行者可以止心於自身的鼻端，兩目一直注視鼻尖，令心不分散。其次，專心繫於肚臍、丹田之間均可；或可止心於出入息上，息出時知其出，息入時知其入，如守門人，站在門側，雖身未動，但能知有人出入。久而久之，妄想活動自能停止。

▌觀

即觀心分明，以四種住念：觀身不淨、觀受是苦、觀心無常、觀法無我。若人們可以做到以上四種觀行，便可破除四種顛倒：一、人生原是幻化無常，眾生執以為常；二、人生都要承受生老病死種種痛苦，眾生以苦為樂；三、四大本空，五蘊非我，眾生妄認假身以為真我；四、人生九孔常流不淨，眾生以為清淨。修行者修觀時，可以只修其中一種觀行，修到純熟後，再修其他的觀行，等四種觀行都修完了，再回頭重新開始。

▌轉(六妙門中的「還」)

轉，就是返照能觀的心。即修止後再修觀，修觀後仍要「還」(或稱為「轉」)，也就是轉頭再修止。修止一段時期，再回來修觀。如此周而復始，就叫做「還」。

▌淨

淨是清淨，就是斷掉貪瞋癡三種煩惱，進而得到聖道。當然修行者不可能一下子斷掉全部煩惱，而是藉由修行，逐步斷除，以達到了生脫死的境界。

「入出息觀」修不來，怎麼辦呢？

在《十輪經》中講完「入出息觀」後，佛陀又想到有些人或許還沒有能力修持「入出息觀」，佛陀說，那就誦經吧！但這種誦經，跟一般人想的可能不太一樣。

初夜後夜習誦不斷

佛陀是這樣說的：「謂諸苾芻(比丘)，或苾芻尼(比丘尼)、鄔波索迦(近事男)、鄔波斯迦(近事女)，或復淨信諸善男子，或善女人，善根淺薄，依世俗諦，根機未熟，我當安置如是有情，令其習誦。初夜後夜，精勤無怠，若諸有情求無上智，我當安置純淨大乘，令其自讀，或教他讀，令其自誦，或教他誦，令其自說，或教他說，於大乘中，令其自習，或教他

習。為令自身及他身，中大煩惱聚皆除滅故，為令證得無上智故，為除一切有情苦故，為令趣入無畏城故。」

對這些根機不足卻發下大願的人，佛陀就要求他們誦讀大乘經典。初夜有四小時，中夜有四小時，後夜有四小時，除了中夜四小時可休息外，其他八個小時則要精勤習誦，不能有所怠惰。如此便能斷除所有煩惱，得到無上智慧。

無法習誦就要修福

但對大乘經典沒興趣的人，又該如何？佛陀也有安排，他說道：「若諸有情求緣覺乘，我當安置諸緣起法，令其習誦。若諸有情求聲聞乘，我當安置百千文頌四阿笈摩(四阿含經)，百

千文頌毗奈耶藏(律藏)，百千文頌阿毗達摩及毗婆沙(經論)，令其習誦。」

要是修定修不來、習誦也誦不來，怎麼辦？佛陀說，那就修福吧！他在經中這樣說道：「謂諸有情根機愚鈍，未種善根，智慧微劣，懈怠失念，染著種種受用資具，遠離善友，我當安置如是有情，使當福業，謂令修作佛法僧事，及親教師軌範師事。」

藉回向擴大福業

夢參老和尚於開示這部經典時表示，念佛、念法，或在佛前上香，或在寺院當擔任義工等，或在皈依師父或和尚前當個侍者，都算是當福的事。但即使做了小小的福業，也要回向，藉由意志力將福業擴大！

只要稱念「地藏菩薩」，就可以得到現世利益？

爲了接引方便，菩薩的靈驗也就無微不至、無遠弗屆、無時不應，即使只是稱名念誦「地藏菩薩」。

在佛法而言，凡夫不是聖人，雖然知道無求、無欲的解脫才是究竟自在，一旦諸事不順、大難當頭時，自然期待外力支援、神力加持、諸佛菩薩的救濟。因此，爲了接引方便，菩薩的靈驗也就無微不至、無遠弗屆、無時不應了。這也是爲何，人們只要至心稱念地藏菩薩名號，從身心各種煩惱到衣食住行育樂均可得到滿意的解決及兌現。以下爲經典上提到的種種利益：

▌人身的二十八種利益

佛陀在《地藏菩薩本願經》裡說過，眾生若能專心一致地念誦地藏菩薩聖號，瞻仰、禮拜地藏菩薩的形像與經典，或用香花、飲食、衣服、珍寶等供養地藏菩薩或鑄造形像，均可獲得無邊功德與二十八種利益：

天龍護念，善果日增，集聖上因，菩提不退，衣食豐足，疾疫不臨，離水火災，無盜賊厄，人見欽敬，鬼神助持，女轉男身，爲王臣女，端正相好，多生天上，或爲帝王，宿智命通，有求皆從，眷屬歡樂，諸橫消滅，業道永除，去處盡通，夜夢安樂，先亡離苦，宿福受生，諸聖讚歎，聰明利根，饒慈愍心，畢竟成佛。

▌居住處所的十種利益：

堅牢地神在《地藏菩薩本願經》說過，一個人若能在自己住所的南面，騰出一塊最乾淨的地方，用泥土、石頭、竹子或木頭做一個佛龕，放置地藏菩薩的畫像，或用金銀銅鐵鑄造地藏菩薩塑像，供養、瞻禮、讚歎地藏菩薩，此人居住的地方可以得到十種利益：

土地豐穰，家宅永安，杜絕惡夢，先亡的眷屬受生天道，活著的眷屬延年益壽，所求都能遂意，不遭天災肆虐，出入都有鬼神護佑，具佛緣也具福報。

▌天龍鬼神的七種利益

佛陀在《地藏菩薩本願經》也說過，天龍鬼神聽聞地藏經及瞻禮地藏菩薩形像，則有七種利益：

速超聖地，惡業消滅，諸佛護臨，菩提不退，增長本力，宿命皆通，畢竟成佛。

▌種種希求皆滿願的利益

《十輪經》中亦提到，有能至心稱名念誦禮敬供養地藏菩薩摩訶薩者，可以獲得以下種種現世利益，還可隨其所應，安置生天涅槃之道：

離諸憂苦；飲食充足；衣服、寶飾、醫藥、床敷及諸資具無不備足；愛樂合會，怨憎別離；身心安穩，眾病除癒；捨毒害心，共相和睦，歡喜忍受，展轉悔愧，慈心相向；解脫牢獄杻械枷鎖，自在歡樂；免離囚執鞭撻加害；身心暢適，氣力強盛；諸根具足，無有損壞；心無狂亂，離諸擾惱；離貪欲等身心安樂；離諸危難，安穩無損；離諸種種毒害；解脫無畏，身心安適；離諸鬼怪、咒術等怖畏，保全身命；一切果實豐稔；一切煩惱悉皆銷滅，遠離十惡，成就十善，於諸眾生起慈悲心及利益心。

此外，眾生若為多聞，或為淨信，或為淨戒，或為靜慮，或為神通，或為般若，或為解脫，或為妙色，或為妙聲，或為妙香，或為妙味，或為妙觸，或為利養，或為名聞，或為功德，或為工巧，或為花果，或為樹林，或為床座，或為敷具，或為道路，或為財穀，或為醫藥，或為舍宅，或為僕使，或為彩色，或為甘雨，或為求水，或為稼穡，或為扇拂，或為涼風，或為求火，或為車乘，或為男女，或為方便，或為修福，或為溫暖，或為清涼，或為憶念，或為種種世出世間諸利樂事，均可意願滿足。

檔案 51
何謂地藏菩薩說的「至心」？

《十輪經》、《占察經》或《本願經》上均記載，地藏菩薩有求必應。但地藏菩薩也要求祈求者，不光是嘴巴念念他的名號，一定要拿出「至心」來。「至心」牽涉到的心靈層次極為深刻，且聽地藏菩薩怎麼說。

或許有些人會懷疑，難道只要叫一聲地藏菩薩，他便任人予取予求嗎？當然不是。地藏菩薩加持的力量廣大無邊，人們仍得反問自己是否具備祈求的力量？修持地藏法門多年的夢參老和尚認為：這個祈求的力量就是至心。

▋ 求願及勇猛相應

在「地藏三經」中，無論佛陀或是地藏菩薩在教示眾生修行的方法時，一再提到「至心」二字。例如，《占察經》裡地藏菩薩強調，有些眾生雖懺悔，卻不能至心，連身、口、意三業都無法清淨，遑論持戒了；《十輪經》裡，佛陀也告訴眾生，至心稱名念誦歸敬供養地藏菩薩摩訶薩者，可以有求必應；《地藏菩薩本願經》裡，佛陀亦對觀世音菩薩說，未來世有善男子、善女人，想要以廣大的慈悲心救度一切眾生，或想證得阿羅漢果位的人，見到地藏菩薩形像及聽到地藏菩薩名號後，還要至心皈依。

「至心」有什麼作用呢？這是一種讓眾生的心念與地藏菩薩的心念相應的方法，也就是「雙向溝通」的基本原則。《占察經》裡，地藏菩薩對至心有著詳盡的描述：「我所說至心者，略有兩種。何等爲二，一者初始學習求願至心，二者攝意專精成就勇猛相應至心。」

▋ 兩種至心層層導引

第一種至心，每個人都能從字面上了解，就是一顆求願的至心。因爲有所求，所以特別專注。夢參老和尚曾說：「如果求願至誠懇切，當拜念的時候，突然心酸，痛哭流涕，那是觸動了你自己過去的宿業，也觸動你的善根。有感必有應，即所說的制心一處無事不辦，這就是你求願的至心。」

第二種至心因牽涉到更多的心靈層次，地藏菩薩解釋：「第二至心復有下中上三種差別。何等爲三，一者一心，所謂係想不亂，心住了了。二者勇猛心，所謂專求不懈，不顧身命。三者深心，所謂與法相應，究竟不退。」

▋ 至心是修行的良方

第一種一心，就是把散亂的意念收攝起來，即心心念念繫住「南無地藏菩薩摩訶薩」，念誦時字句分明，一聲跟著一聲，中間毫無任何雜念；第二種勇猛心，即專求一法從不懈怠，即使捨去性命也在所不惜。即《戒裡經》所言：「寧捨身命，護持淨戒」；第三種深心，也就是相應至心，是修行人於一心精進後，透過自己修證的智慧，達到圓滿不退的究竟果位。

從散亂的初發心到勇猛精進、攝念專精的至心是一種修行的過程，這個過程是長是短，因人的心性及願力而異。或許一開始，無法達到最深層的心靈狀態，但從「求願至心」開始，你便已經在修行道上邁開一大步了。

修持地藏法門的人常會活見鬼？

若諸有情，為諸藥叉，羅剎，餓鬼，畢舍遮鬼，布怛那鬼，鳩畔荼鬼，
……及餘種種諸怖畏事之所纏繞，……有能至心稱名念誦歸敬供養地藏
菩薩摩訶薩者，一切皆得離諸怖，保全身命，隨其所應，安置生天涅槃
之道。──《大乘大集地藏十輪經》序品

《十輪經》教示眾生：至心稱名念誦歸敬供養地藏菩薩，擾人的鬼魅將隨
之消失。但民間卻流傳著一種說法：修持地藏法門或念誦地藏經反倒會招來
惡鬼！無論哪一種說法，最好先釐清──是疑心生暗鬼，還是真的活見鬼？

如常誦經了斷幻境

若是疑心生暗鬼，表示定力不夠，才會胡思亂想，自己嚇自己。若有人在
誦讀《地藏經》時看到地藏菩薩，是不是就要高興呢？夢參老和尚以為，無
論鬼魂或菩薩現前都是幻境，千萬不要執著，如常誦經才能斷盡煩惱。

誦經修行有一定的步驟：誦經前得先發願，誦完則要回向，這種過程是一
種慈悲心的培養。當我們發願效法地藏菩薩救度一切眾生，並將誦讀經典的
功德回向給眾生時，內心自然生起慈悲心，這股力量正好克服內心的恐懼。

但世間有千千萬萬種人，誦經的感應也千千萬萬種。若真有人誦念《地藏
經》或其他經典時，夢見鬼上門，甚至活見鬼，該如何處理？

鬼魅為何找上門？

人乘佛教創始者聖開法師曾說：「鬼與人類同住在這個地球上，不同的
是，人類住在陽世，而鬼則生活於陰間。鬼道眾生猶如人類……分別有千千
萬萬的種類，皆隨其不同的業力，而有千差萬別的際遇。其相同之處，皆因
貪心重，情執深，壞習氣多，且喜行惡業，故而墮入此道受苦。」

鬼既然不如人快樂，當然希望脫離鬼道，來世為人。所以鬼在你誦經時找
上門，不外兩種原因，一是與你有緣。不是你宿世的六親眷屬不會找上門，
他們不曉得你會害怕，只曉得你是他們的「遠房親戚」，找你幫忙超度；二
是，你的修行功德深厚。淨空法師說：「超度必須你自己有修學的功夫。」
所以，誦經時有鬼上門，或許證明自己的修行已有一定的分量了！

因此，若能將鬼道眾生視為許久不見的親人，依照他們的願望誦念《地藏
經》，不但幫助他們得度，也幫助了自己修行。畢竟，修習地藏法門除了自
求解脫外，最重要的是要效法地藏菩薩的精神，解除一切眾生的痛苦。

一般人家裡可以供養地藏菩薩嗎？

未來及現在眾生，於所住處，於南方清潔之地，以土、石、竹、木作其龕室，是中能塑畫，乃至金、銀、銅、鐵，作地藏形像，燒香供養，瞻禮讚嘆，是人居處，即得十種利益。——《地藏菩薩本願經》卷下

民間流傳著一種說法：不可在家裡供奉地藏菩薩，因為那是接引亡者的神明。但是《地藏菩薩本願經》裡的堅牢地神，卻說在家裡供奉地藏菩薩可得十種利益(見檔案50)。這教人該信誰的好呢？

▌堅牢地神的苦口婆心

《地藏菩薩本願經》裡，堅牢地神曾對佛陀說道：「世尊，若未來和現在一切眾生在自己住所的南面，騰出一塊最乾淨的地方，用泥土、石頭、竹子或木頭做一個佛龕，其中放著地藏菩薩的畫像或用金、銀、銅、鐵鑄造地藏菩薩聖像，以鮮花、香料供養，並瞻仰、禮拜、感嘆地藏菩薩的功德，這樣的人在他所居住的地方，可以得到十種利益。」

苦口婆心的堅牢地神接著說：「世尊！未來世中，若有善男子、善女人，於他們的住處，供有《地藏菩薩本願經》和地藏菩薩像，並且他們還能轉讀經典，供養菩薩，我將不分晝夜、親自地護念他們，不使水火盜賊之災、大小意外不幸，發生在他們身上。」話才說完，佛陀便接著道：「不僅你護念他們，還有帝釋天王、大梵天王和其他諸天眷屬，都在護念他們。」

▌地藏為娑婆三聖之一

連佛陀都做了擔保，在家裡供奉地藏菩薩應是再平安不過的事了。其實一般人在家裡供奉的娑婆三聖，就是釋迦牟尼、觀音菩薩及地藏菩薩，可見地藏菩薩早已深入一般家庭。人乘佛教創始者聖開法師也曾說：「釋迦牟尼佛圓寂以後，就把這個度化眾生的責任交給地藏菩薩。地藏菩薩是冥陽兩利的，既然是冥陽兩利，陰的需要地藏菩薩，陽的也需要地藏菩薩，那我們在家裡稱念地藏菩薩的聖號或者拜地藏經，那是最好的了。」

既然在家裡供奉地藏菩薩不構成問題，堅牢地神說的「南方」是指何方呢？淨空法師特別針對這點作了說明：「南方不是指方向，南是指智慧之方，凡是有善知識居住的方向都叫做南方……凡是供地藏菩薩方向就叫做南方。自己家裡面，或者有佛堂，或者沒有佛堂，供在你家裡廳堂上，但是供養一定是在這個房間裡面的上方，這個房間哪一個方位算是上方？這個房間

或許有一個門，或許有好幾個門，無論哪一個門裡面進來，他第一個見到的位子就是上方。……南方，不一定去找東南西北的位子。」

▌藉菩薩喚醒本來面目

在佛法而言，供奉諸佛菩薩是爲喚醒眾生的佛性。任何人都具有佛性與德能，也就是尚未覺悟的佛陀。因爲我們迷失了，才讓原本的眞實面目無法現前。諸佛菩薩的名號、形像正代表著我們原本具有的佛性與德能。我們可以藉由禮拜、誦念、觀想諸佛菩薩的名號及形像等修行方法，來喚醒原本的如來面目。

所以，初學佛法的人若想在家裡供奉地藏菩薩，最好先了解「地藏」名號的意涵(見檔案2)，以及熟讀相關經典。有一天，當「經典」遇到「民俗」時，方能做出正確的抉擇，亦不枉堅牢地神在《地藏菩薩本願經》中一番的用心良苦了。

在家裡供奉地藏菩薩是再平安不過的事了，但初學者最好先了解「地藏」名號的意涵，以及熟讀相關經典。(易學講堂提供)

念佛與持咒也是地藏法門之一？

未來世有諸人等，衣食不足，求者乖願；或多病疾，或多凶衰；家宅不安，眷屬分散；或諸橫事，多來忤身；睡夢之間，多有驚怖。如是人等，聞地藏名，見地藏形，至心恭敬，念滿萬遍，是諸不如意事，漸漸消滅，即得安樂，衣食豐溢，乃至於睡夢中，悉皆安樂。——《地藏菩薩本願經》卷下

　　聖嚴法師曾說：「念佛與持咒，本來源於修定的方法之一，然在淨土教及密教獨立成派之後，便與修定的方法分了家。如果站在整體佛法的立場來說，仍是彼此呼應的。」

▌念佛

　　「念佛」是地藏法門中最普遍的方法，不論上中下根機的人均可以「念佛」入門，若可像《地藏菩薩本願經》中婆羅門女及光目女一樣，念佛念到「一心不亂」時，也能得到最大的禪定。個人可以在家自行念誦地藏菩薩聖號、「地藏三經」中任何一部經典，或參加一般寺院舉行的「地藏七」，亦即在七天之中單念地藏菩薩聖號。

　　念佛的方法因為環境、心境，以及個人根器而有所不同，大致可以分為以下幾種方法：

　　高聲念：念時聲量洪大，以振奮精神，掃除雜念。

　　默念：口不出聲，但在心裡明明白白，適用於公共場所或出外的環境。

　　金剛念：聲調在高聲與默念之間，一句句口誦分明，耳聽分明，思想分明，佛聲能在身口意中不散失便稱為金剛念。

　　追頂念：字句緊急，一聲追一聲，中間毫無間隙，使雜念無從生起。

　　觀想念：一面念佛，一面觀想佛身相好，佛國莊嚴。

　　禮拜念：拜佛念佛同時進行。

　　記數念：以念珠記錄念佛次數。

　　十口氣念：以一口氣念佛，字句緊急，一聲追一聲，中間毫無間隙。當出氣已盡，再吸一口氣續念。如是十次，故名為十口氣念。

▌持咒

　　地藏法門中的持咒方法，可分為密教及顯宗兩大類。密教的咒語有一定的儀軌及修法的步驟，重於心理的引導及師師相傳，欲修持者必須找一位如法

的金剛上師教導。

至於顯宗的咒語又稱明咒，與持名念佛類似，可以自己修持，主要的目的在收攝我們的身口意三業。聖嚴法師曾表示，持咒的方法是口誦、耳聽、心惟，身口意三業相應，持咒才眞得力，那也是定的一種。可以用數珠計數念，也可以計時念。若以散心持咒，當然也有功德及感應。

歷代以來，「地藏菩薩滅定業眞言」(正式名稱爲「地藏菩薩法身印咒」)是流傳最廣的地藏咒語，明朝末年張獻忠和李自成等流寇作亂，造成社會動盪、民不聊生。當時的高僧智旭大師曾在九華山結壇百日，誦持此眞言五百萬遍，進而廣化各方人士共同持誦十億遍。至於「地藏眞言」及「地藏菩薩咒」也有諸多功德。持咒時可持地藏根本印。

地藏根本印

這是地藏菩薩在胎藏界地藏院之手印──旗印。雙手內縛，兩中指豎起相對，兩中指象徵福智之二莊嚴，有雙手生福智、授予一切眾生的意思。因為兩中指豎起如旗狀，所以稱為旗印。

地藏菩薩滅定業真言

唵 拔剌-摩林陀寧 娑婆訶	oj pra-mardani svaha

在顯教經典中都稱此咒為「滅定業真言」，其咒音 pra-mardani 有「摧伏、散滅、粉碎」一切罪業、罪障、惡業的意思，所以自古來皆稱此咒為「滅定業」。

地藏真言

南無 薩曼達 勃馱喃 訶訶訶 蘇達那 娑婆訶	namah samanta-buddhanam ha-ha-ha sutana svaha

地藏菩薩咒

南無 薩曼達 勃馱喃 訶訶訶 微娑麼曳 娑婆訶	Namah samanta-budanam ha-ha-ha vismaye svaha

南麼（namah）是禮敬，一般常音譯為南無。薩曼達（samanta）：普遍、周圍之義。勃馱喃（buddhanam）：是佛陀。三字合起來，指禮敬一切諸佛，或歸命遍一切處諸佛。
蘇達那是妙色身的意思，自身極淨故名妙色身，即法身也。
ha有強調、加強之意，經上解為「三乘之因」。
vismaya有稀有、驚歎、奇哉之意，經上解為「一切有情常有我相種種煩惱。裁若念真言我相即除。此為稀有亦甚稀奇也」。
svaha是咒語常見的結尾語。

在忙碌生活中如何修持
地藏法門？

每一個法門都是一段從迷惑到覺悟的心靈旅程。這段旅程何時可以完成，沒有人能給你答案，得靠自己去找尋。而忙碌的現代人處於種種壓力下，該如何展開每天的心靈之旅呢？其實，地藏菩薩要的不多，只要你有一頓飯的時間就夠了。

佛教有八萬四千法門以契合各種不同心性的眾生，當你覺得自己的心性適合修持地藏法門時，第一步得問問自己，是否對地藏菩薩的悲願充滿信心？地藏法門因地藏菩薩的悲願而開啟，並以「大願」為回歸依止的修行法門。修持地藏法門者若不相信「地獄不空，誓不成佛，眾生度盡，方證菩提」的悲願有圓滿的一天，跟隨地藏菩薩的腳步便顯得遲疑，一旦心生懷疑，對此法門的教化便無法全神貫注了。

當你「相信」地藏菩薩的悲願及自己的佛性後，一定要試著去「理解」地藏菩薩的說法。而讀經悟經便成了一門很重要的功課。受持誦讀「地藏三經」的方法很多，例如：參加念佛會、佛法研討會(類似讀書會)，或以電視、隨身聽等聆聽佛經講座、梵唄、佛號等。最重要的是，一旦理解經文中呈現的思想及意涵，還得如理地實踐在生活上。

▌一定要拜師入門嗎？

淨空法師曾表示，學佛最重要的是親近一位老師，接受老師的教導，依照老師講的法來修學。這是古今不變的正途。

萬一找不到適合的老師時，怎麼辦？依據《占察經》記載，若找不到依止師，就依法為師。所以，初學者也可以自誓皈依，並依循地藏菩薩的教化修行、讀誦。這種不依靠老師、自己修練的方法其實有它的好處。達賴喇嘛就說過：「不靠老師指導，自己修練，有兩層意義。第一，自己學，自己修，才能得到分辨好壞老師的充分知識。其次，有了充分知識與經驗後，才不輕易的滿足於老師的教誨。所以要自己先下工夫，到了某種程度之後，再去求老師。」

▌持戒與懺悔

依照無量劫的因果觀點來看，除了諸佛菩薩外，凡人無法得知自己過去造作的是善業還是惡業。當你準備一顆懺悔心到地藏菩薩跟前報到時，自然心懷若谷，不會與地藏菩薩爭辯：自己從未作過虧心事！「地藏三經」裡均強

調，有了一顆懺悔心，也要學著將它與日常生活結合在一起，這就是「持戒」了。地藏菩薩要求眾生修持的戒律即佛教的基本戒：五戒十善。聖嚴法師在《正信的佛教》中寫道：「若能把五戒十善守完善了，其他的戒也就不太困難了。」

每日的老實修行

投入地藏法門的行列無需任何儀軌，但仍得符合佛教禮儀的基本要素：禮拜、讚誦、觀想。初學者可在家裡安奉地藏菩薩像，經常以香花、鮮果、淨水等供養，每天能抽出固定的時間，禮拜及持念地藏菩薩聖號，或誦讀地藏經典。

根據《十輪經》記載：「有人於一食頃，至心皈依，稱名念誦，禮拜供養地藏菩薩，求諸所願，悉得滿足。」所以，地藏菩薩要得不多，只要你一頓飯的時間，至心皈依地藏菩薩，稱名念誦菩薩名號，虔誠敬禮地藏菩薩的功德就夠了。當然，一頓飯的時間長短因人而異，重要的是要養成習慣，持之以恆。

另外，《快樂從修心開始》作者觀成法師說：「《地藏菩薩本願經》宣說地藏菩薩的誓願和功德，比《十輪經》較為通俗易懂。《占察善惡業報經》教人以木論相法占察善惡、苦樂、吉凶等事，非初學者所能理解，所以修地藏法門者，大多數以《地藏菩薩本願經》為每日課誦之經。若欲誦讀《地藏菩薩本願經》者，可視自己的時間及情況而定。每次可誦三卷，或二卷，或一卷，甚至一品亦可以。誦經時最好選擇清靜處。若環境不許可，亦不一定要靜處，但必須要靜心，方能獲得種種殊勝的功德。」

功德回向長養慈悲

除了誦經持名外，回向亦是不可少的修行步驟。除了以布施的功德回向給法界一切眾生外，每天課誦完畢後，亦要將所有功德回向給需要的人。「回向」是慈悲心的表現，每天重複這些「回向」，心裡想著需要幫助的眾生，便能激勵內心的善性，提升修持的精神境界。

或許有人以為，《地藏菩薩本願經》中地藏菩薩已向佛陀保證過，末法時期，即使人們在佛法中的善根，像微塵一般渺小，也一定會度脫他。但這「微塵般的善根」仍得回歸到自身的努力！「自身努力」包括禮拜、讚誦、供養，但不要忘了「至心」以及「回向」才能使「美夢成真」！

在家修行簡易時間表

一分鐘的修行：早晨起床盥洗後，先到地藏菩薩像前點燃一炷香，頂禮三叩首。

五分鐘的修行：或早或晚，在地藏菩薩聖像前點燃一炷香，頂禮三叩首，念誦四句回向文。

早起十念法：早上盥洗後，靜坐觀心(或觀地藏菩薩像)，連聲稱念「地藏菩薩摩訶薩」十口氣。隨各人一口氣的長度稱念，不限制菩薩聖號多少，以及念佛的聲音高低緩急，隨自己的氣息而念。十念法的目的在藉氣息調服內心的散亂。

十分鐘的修行：早晨一卷《本願經》，晚間一卷《本願經》，不定時的地藏菩薩滅定業真言。

十五分鐘的修行：禮佛十二拜。誦念地藏菩薩聖號，及《本願經》一卷。

三十分鐘的修行：禮佛二十四拜。《本願經》三卷。

一小時的修行：綜合前面的修行或增或減，可互為運用。

(若修行者欲誦《十輪經》或《占察經》亦可，時間長度請自行斟酌。)

國家圖書館出版品預行編目資料

地藏菩薩小百科 / 翁瑜敏作.--初版.--臺北市：
橡樹林文化出版：家庭傳媒城邦分公司發行，
2005_民94_
128面：19*26公分
ISBN 986-7884-47-7(平裝)
1. 菩薩

229.2   94014654

地藏菩薩小百科

——地獄不空誓不成佛

作　　者　翁瑜敏
主　　編　何聖芬
內頁完稿　鍾燕貞
封面設計　鍾燕貞
協力編輯　劉美玲、魏秋綢
手　繪　圖　王佩娟

發　行　人　凃玉雲
主　　編　張嘉芳
編　　輯　劉芸蓁
行　　銷　劉順眾、顏宏紋、李君宜
出　　版　橡樹林文化・城邦文化事業股份有限公司
　　　　　台北市信義路二段213號11樓
　　　　　電話：(02)23560933傳真：(02)23560914
發　　行　英屬蓋曼群島商家庭傳媒股份有限公司城邦分公司
　　　　　台北市中山區民生東路二段141號2樓
　　　　　書虫客服服務專線：（02）25007718；（02）25007719
　　　　　24小時傳真專線：（02）25001990；（02）25001991
　　　　　服務時間：週一至週五上午09:30-12:00；下午13:30-17:00
　　　　　劃撥帳號：19863813；戶名：書虫股份有限公司
　　　　　讀者服務信箱：service@readingclub.com.tw
香港發行所　城邦（香港）出版集團有限公司
　　　　　香港灣仔駱克道193號東超商業中心1樓
　　　　　電話：(852)25086231 傳真：(852)25789337
　　　　　E-mail：hkcite@biznetvigator.com
馬新發行所　城邦（馬新）出版集團【Cité (M) Sdn.Bhd. (458372 U)】
　　　　　11, Jalan 30D/146, Desa Tasik, Sungai Besi,
　　　　　57000 Kuala Lumpur, Malaysia
　　　　　電話：(603)90563833　傳真：(603)90562833

印　　刷　成陽印刷股份有限公司
初版一刷　2005年10月
初版六刷　2008年12月
ISBN 986-7884-47-7
定價：380元